이화다문화총서 의학 1

다문화 가정의 건강실태

정혜원

박문사

발 · 간 · 사

20세기 후반기를 거쳐 21세기에 접어들면서 우리 민족과 국가는 세계사에서 새로운 위치를 가지게 되었습니다. 세계에 존재하는 수백의 국가혹은 수천의 민족 중에서 경제적인 측면이나 언어 사용의 인구수적인 측면에서 우리 민족과 국가는 전체적으로는 세계 10위 내외의 서열에 자리매김하는 도약을 이루고, 그것을 공고히 하는 토대를 구축하였습니다. 더나아가 몇몇의 분야에서는 세계 최고라는 위치까지 자리매김하게 되었습니다. 그 결과, 인근에 있는 국가에 국적을 두고 있는 많은 사람들의 머리속에 〈새로운 인생의 구상은 한국의 노동자 생활에서부터〉 혹은 〈새로운인생의 구상은 한국인과 결혼함으로써〉라는 생각이 자리잡게 되었습니다.이로 인해 〈Korean Dream〉을 이루려는 많은 나라의 외국 여성들이 한국에 시집을 와서 한국의 가정을 이루거나, 외국 남성들이 한국의 노동자로 와서 하나의 집단 사회를 이루는 상황이 생성되어, 세계에 유례를 찾아 볼 수 없는 〈한국적 다문화 사회〉가 이루어졌습니다.

이러한 우리의 현재는 과거로부터 물려받은 유산에 바탕을 둔 것이지만, 과거에 항상 이러한 모습을 가지고 있었던 것은 아니었던 것 같습니다. 지구상의 많은 언어와 민족이 생멸을 하거나, 혹은 분열과 통일을 반복하면서 축소와 확장을 하게 되는데, 우리 민족 역시 예외가 아니었습니다. 한반도와 만주 일원에 살던 종족이 (고)조선의 등장으로 단일민족에 의한 언어공동체를 생성한 후, 한 민족 둘 이상의 국가라는 분열된 양상과 한 민족 한 국가라는 통일된 양상을 되풀이해 왔습니다. 최초의 분열은 한사군의 설치로 인해 남북 언어의 분열이었을 것입니다. 이 분열은 통일신라에 의해 하나의 언어공동체로 재통일되었습니다. 하나의 언어공동체로 지내오다가 20세기 중반에 다시 남쪽과 북쪽으로 분열되는 양상에 처하게 되었습니다. 이러한 분열된 양상에도 불구하고, 한반도의 남쪽은 20세기 후반을 거치면서 비약적인 발전을 거듭하여 21세기 초반기에 이르러 세계사의 한 축으로 발돋음하기에 이르렀습니다. 그 결과 〈Korean Dream〉을 이루려는 많은 외국인들이 한국에 몰려오는 상황이 생성된 것입니다.

이러한 새로운 사회의 생성에 능동적으로 대처하기 위해 이화여자대학교에서는 다문화연구소를 만들게 되었습니다.

이화여자대학교 다문화연구소는, 동화주의를 넘어서는 문화적 권리의 상호 평등을 인정하고, 학술연구와 현장실천을 잇는 연구·교육·정책의 순환적 모델을 구축하고자 합니다. 더 나아가 현재와 미래의 다문화 현상에 대한 연구·정책개발을 위해 다문화와 관련된 DB를 구축하고, 교내외 연구·교육자원의 네트워크를 통한 다문화 연구·교육 역량을 극대화하면서 국내외 유관기관과의 교류를 통한 파트너십을 구축하고자 합니다.

그러하여 우리 연구소는 문화적 역량으로 사회통합을 이끄는 21세기 다문화전문 연구기관이면서, 다문화 시대의 한국 사회・문화 발전을 선도하는 학제간 종합 연구기관이 되고자 합니다. 동시에 다문화 사회에서 소통과 공존을 선도하는 다문화 연구・교육 공동체가 될 것입니다.

이러한 일을 효과적으로 수행하고자 이화여자대학교 다문화연구소에서는 ≪다문화연구≫라는 학술지와 ≪이화다문화총서≫를 간행하고자 합니다. ≪이화다문화총서≫는 우선 언어, 사회, 의학, 교육의 네 분야로 나누어 출간됩니다. 한국의 다문화사회를 진단하고, 공존과 조화의 길을 찾기 위해 〈언어〉에서는 언어와 문화의 상관관계, 언어의 보편성과 개별성의 관계, 언어간 비교 대조의 문제 등을 다루게 될 것입니다. 〈사회〉에서는 다문화 사회를 진단하고 사회통합프로그램을 구축할 수 있는 사회적 역량을 구축하고, 이를 제도화할 수 있는 방안을 연구하고 실천할 것입니다. 〈의학〉에서는 이주민의 건강과 관련된 문제 즉 이주민과 원주민의 면역체계, 다문화가정 자녀와 한국인의 면역체계, 다문화가정을 위한 임신 출산 등 다문화 가정과 의료 건강 분야에 관한 것이 다루어지게 될 것입니다. 〈교육〉에서는 이중언어사회에서의 언어교육에 관한 문제, 특히 국내의 경우 다문화가정과 그 자녀를 위한 한국어교육의 문제, 국외의 경우 동포들의 자녀에 대한 한국어 교육, 외국인을 대상으로 한 한국어교육 등의 문제가 주로 대상이 될 것입니다.

우리 연구소에서는 현재보다 더 나은 사회를 구축하는 데 약간의 도움이 되기 위해 이 책을 간행합니다. 현재보다 미래가 좀더 밝은 민족, 현재보다 좀더 강력한 국가가 되고, 그 속에 살고 있는 모든 사람이 다같이

더불어 살아가는 사회가 되기 위한 조금의 밑거름이 되기를 희망하면서
이 책을 간행합니다. 좀더 많은 사람이 이 분야에 애정어린 관심을 기울
여 주시기를 기원합니다.

2009년 5월 30일
이화여자대학교 다문화연구소장 박청원

다문화 가정의 건강실태

제1장 / 서론

근래 들어 한국사회에 다문화에 대한 화두가 학계 및 정부뿐 아니라 일반인 사이에서도 활발하게 진행되고 있다. 다문화에 대한 논의는 80년대 말 이후 유입되기 시작한 이주노동자와 국제결혼 이주여성이 90년대 중반 이후 가파르게 증가하면서 시작되었다.

국제결혼이주자는 2000년 이후부터 크게 증가하여 2008년 6월 현재 118,421명으로 2002년의 34,710명에 비해 불과 6년 사이에 3배 이상 급증하였고(통계청, 2008), 국제결혼건수도 2000년에는 12,319건으로 전체 혼인의 3.7%를 구성하였으나 2005년의 경우 43,121건수로 전체혼인의

13.6%를 차지(통계청, 2006, 한국인구학회편, 인구대사전)하였다. 현재 국제결혼 가정의 자녀는 약 58,007명으로 전체 외국인주민의 6.5%이며, 2006년 25,000명, 2007년 44,000명, 2008년 58,000명으로 매년 증가하고 있으며, 앞으로 국제결혼 가정의 자녀의 수는 2010년 10만여 명, 2020년에는 167만여 명으로 급격히 증가할 것으로 예상된다.

현재 우리사회의 다문화 가정은 과거 타국가의 이민과는 다르게 한국인 남성과 결혼을 한 후 이민 온 외국인 신부 그리고 이들의 자녀로 구성되는 한국적 다문화 가족을 그 기본 구성으로 한다. 국제결혼을 통하여 한국에 이주하는 여성들은 10대 후반, 20대 초반의 어린 신부들도 다수를 차지하며 이들이 상대적으로 보건이 취약한 저개발 국가에서 자라왔기 때문에 가정의 건강을 책임지는 주부로서의 건강이나 보건에 대한 부분이 취약할 수 있다.

질병관리본부 유전체 센터의 용역사업으로 이화여자대학교에서는 2006년부터 "국내 이주자 코호트 사업"을 진행하고 있다. 코호트 연구로 동아시아 이주민들의 유전 정보와 생활환경 등의 정보를 얻는 동시에, 기본적인 건강 검진을 제공하고 건강에 대한 정보, 모성 보건에 대한 교육 등을 병행하면서 이주민들이 자신도 한국 사회의 구성원임을 인식하여 한국 사회에 대한 소속감과 자부심을 가지고 보다 건강한 생활을 하는 데 도움이 될 수 있었다. 4년여 간 진행해 온 결혼이민자 가정의 건강검진과 보건정보 수집을 계기로 이들에 대한 이해와 연구 사업에서 얻어진 자료를 중심으로 다문화 가정의 보건에 관하여 정리해 보고자 한다.

제2장

한국적
다문화 가정에
대한 이해

1. 다문화 가정의 배경

▌다인종·다문화 국가로의 이행

이주민의 존재와 함께 형성된 문화적 차이와 다양성에 대한 무시와 무관심이 변화하기 시작하는 것은 이주민의 수적인 증가와 더불어 일시적 체류자 내지 부수적 존재로만 간주하기 힘든 새로운 성격의 이주민 집단이 본격적으로 등장한 데에서 그 요인을 찾아볼 수 있다. 한국과 일본처럼 동질성에 대한 강한 신념을 유지해 온 국가에서조차 귀화나 국제결혼의 증가, 해외동포의 귀환 등으로 특정 국가에 배타적으로 귀속되지 않은 채로 복합적인 정체성을 지니면서 국내에 정주하는 이들이 가시화되면서 한국사회의 다양성은 가시화 되었다.

전 세계적인 이주의 네트워크에서 상당기간 주변에 있던 한국사회로서는 결혼이민자와 자녀들이 바로 이러한 존재였다. 1990년대 말부터 급격히 증가한 결혼이주자, 특히 중국과 동남아 출신 결혼이주여성들은 외모에서부터 차이가 나고, 민족적, 문화적 배경 또한 다른 존재들이었다. 일시적 체류자로 간주되던 외국인 노동자와 달리 한국 사회에 장기적 내지 영구적으로 거주할 것으로 예측되며 한국인과 가족, 친족, 이웃 등으로 전면적 관계를 맺게 될 새로운 존재이다.

근래 들어 한국 사회에 다문화주의에 대한 논의가 정부, 학계, 시민사회, 미디어에서 활발하게 진행되고 있다. 잘 알다시피 다문화주의에 대한 논의는 80년대 말 이후 유입되기 시작한 이주노동자와 국제결혼 이주여성이 90년대 중반 이후 가파르게 증가하면서 시작되었다. 이주노동자와 국제결혼 이주여성은 '새로운 소수자'로서 등장하여 소위 한국의 '단일순수혈통 국민-국가 신화'에 대한 강력한 변화로 다가온 듯하다.

국제결혼의 증가, 외국인 노동자의 빠른 유입으로 한국사회는 전통적 단일민족사회가 아닌 다문화사회로 빠르게 진입하고 있다. 1995년 269,641명이던 국내 체류외국인이 2005년도 747,467명으로 지난 10년 사이 177% 증가하였고 2007년 8월 법무부의 집계에 따르면 한국사회에 체류하고 있는 외국인(장, 단기, 미등록체류자 포함)은 100만 명을 넘어서 남한 인구의 2%를 차지하고 있는 것으로 나타났다. 또한 우리 국민과 혼인한 적이 있거나 혼인관계에 있는 결혼이민자는 2002년 3만 4710명에서 2007년 10만 4749명으로 5년 새 3배나 늘었다.[1] 미래 한국 사회는 인구 구성이 더욱 다양해 질 것 이며, 다양한 인구집단의 수도 증가할 것으로 보고 있다.

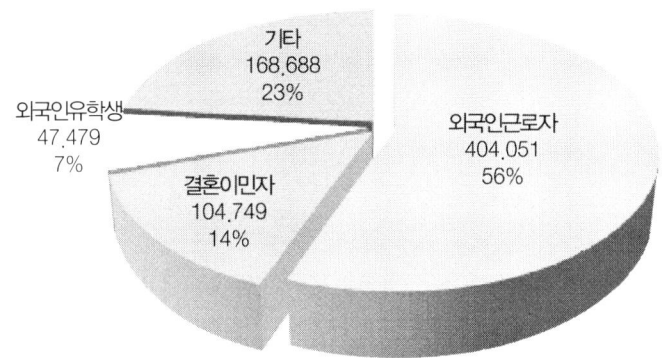

법무부 보도자료, 2007년 8월

2006년 발표된 외국인정책 특별위원회의 자료에 따르면 2010년에는 한국 체류 외국인 수치가 124만여 명(1,249,765명)에 이를 것이라고 보고 있다. 이는 향후 총인구로 추정되는 49,219,537명의 2.54%에 이르는 수치이다.

따라서 한국 사회는 국가적 차원에서 다문화 사회 진입 준비를 위한 적극적인 노력을 기울여야 할 것이다.

───────────────

1) 2007년 8월 법무부 보도자료(법무부 출입국·외국인정책본부, 체류외국인 현황 발표)

■ 결혼이민자의 증가와 출신국별 분포

외국인 배우자와의 국제결혼의 증가로 인해 현재 한국사회는 다민족화와 다문화 현상국가로 접어들고 있다. 국제결혼이주자는 2000년 이후부터 크게 증가하여 2008년 6월 현재 118,421명으로 2002년의 34,710명에 비해 불과 6년 사이에 3배 이상 급증하였다.[2] 국제결혼건수도 2000년에는 12,319건으로 전체혼인의 3.7%를 구성하였으나 2005년의 경우 43,121건수로 전체 혼인의 13.6%를 차지하였고[3] 2006년에서 다소 감소하여 9.1%를 차지하였고, 2007년에는 8.1%를 차지하였다.[4] 2006년 한국인 남성－외국인 여성의 국제결혼 비율은 도시지역(동부)이 7.7%인 반면 농어촌지역(면부)에서는 18.1%에 달한다. 또한 외국인 처의 비율을 기준으로 전국 시·군·구의 지역별 국제결혼 현황을 보아도 1위부터 10위까지 모두 농어촌지역이라 할 수 있는 군지역이 차지하고 있었다.

2007년 국제결혼비율은 전체 결혼의 11.1%로 그 가운데 농·임·어업 종사자 중 기혼남성의 40%(3,172명)가 국적이 다른 외국여성과 혼인하는 것으로 보고되고 있다.[5]

여성결혼이민자의 출신국가는 주로 개발도상국으로, 이러한 경향이 점차 강화되고 있으며, 국적도 다변화되어 2000년대 초에는 중국, 일본, 필리핀 출신이 다수였으나 최근에는 베트남, 몽골, 우즈베키스탄, 캄보디아

---

2) 2007년 통계청 자료
3) 2006년 통계청, 한국인구학회편, 인구대사전
4) 2008, 김혜련 외 "국제결혼 이주여성의 생식건강 실태와 정책과제" - 한국보건사회연구원
5) 2007년 통계청 자료

출신 등으로 다변화 되고 있는 추세이다. 2006년 한국 남자와 외국 여자
와의 혼인은 중국 14,608건(48.4%), 베트남 10,131건(33.5%), 일본 1,484
건(4.9%) 순이며 베트남 여자와의 혼인은 2005년에 비해 74%의 높은 증
가율을 보이고 있다.

1992년 한·중수교를 계기로 지방자치단체와 전문결혼정보회사를 통
해 한국인 남성과 중국의 조선족 여성간의 국제결혼이 증가하였다. 한국
인 남성과 결혼한 중국 국적 여성의 수는 1991년 106명에 불과하였으나
1995년에 9,271명, 2003년 11,373명, 2005년 20,635명까지 증가하였다.
이들 중국의 여성들은 주로 조선족으로 같은 민족과 언어 사용에 따른 심
리적 부담감이 적어 강한 혈통주의의 경향을 가진 한국인 남성들에게 기
타 국가의 여성들보다 선호되었기 때문으로 볼 수 있다. 이에 따라, 한국
인 남성과 결혼한 전체 외국인 여성 중 중국 여성이 차지하는 비율은 1991
년 16.0%에 불과하였으나 1995년에는 81.5%로 증가하였다. 그 비율은
1998~2000년에 50%대로 다소 감소하였으나, 2001~2005년에는 60~70%
수준을 유지하였다. 그러나 중국신부의 수가 2006년에 14,608명으로 급
격하게 감소하면서, 비중도 50%미만으로 감소하였다.

베트남 여성과의 결혼은 2001년 - 2005년 사이인 5년간 결혼한 수보다
2006년 한해에 결혼한 수가 더 많았다. 더욱이 농·어촌의 경우 41% 가
국제결혼을 하며, 그 대상자는 베트남 출신의 10대 후반, 20대 초반의 여
성이 82%를 차지하는 것으로 알려져 있다.
한국인 남성과 결혼한 베트남 여성의 수는 2001년 134명에서 2003년
1,403명, 2006년 10,131명으로 증가하였으며, 전체 외국인 처 중 비중은

2001년 1.3%에서 2003년부터 급상승하여 2006년 33.5%로 중국 여성 다음으로 높다. 2005~2006년 사이에 중국 여성의 결혼건수가 약 6천명 감소하였으나, 베트남 여성의 결혼건수가 약 5천 건 증가하여 결과적으로 2005까지 가파른 상승세를 유지하였던 한국인 남성과 외국인 여성간의 국제결혼건수가 2006년에 약 1천 건이 감소한데 그쳤다. 이외 필리핀, 몽골 등의 여성들과 한국 남성간의 국제결혼도 낮은 수준이나마 점차 증가하였다.

최근 2001년부터 2006년까지 발생한 국제결혼(한국인 남성+외국인 여성) 건수는 총 127,000건에 이른다. 외국인 여성의 국적별로 분포를 보면, 중국이 63.8%로 압도적이며 다음으로 베트남 16.1%, 일본 5.6%, 필리핀 4.3% 등이다. (표1-1, 표1-2)

표1-1 국제결혼 추이 (1991-2007)[6]

(단위: 명, %)

	총 결혼	국제결혼		외국인 아내		외국인 남편	
		혼인건수	구성비	혼인건수	구성비	혼인건수	구성비
1991	416,872	5,102	100.0	663	13.0	4,439	87.0
1992	419,774	5,534	100.0	2,057	37.2	3,477	62.8
1993	402,593	6,545	100.0	3,109	47.5	3,436	52.5
1994	393,121	6,616	100.0	3,072	46.4	3,544	53.6
1995	398,484	13,494	100.0	10,365	76.8	3,129	23.2
1996	434,911	15,946	100.0	12,647	79.3	3,229	20.2
1997	388,591	12,448	100.0	9,266	74.4	3,182	25.6
1998	375,616	12,188	100.0	8,054	66.1	4,134	33.9
1999	362,673	10,570	100.0	5,775	54.6	4,795	45.4
2000	334,030	12,319	100.0	7,304	59.3	5,015	40.7
2001	320,063	15,234	100.0	10,006	65.7	5,228	34.3
2002	306,573	15,913	100.0	11,017	69.2	4,896	30.8
2003	304,932	25,658	100.0	19,214	74.9	6,444	25.1
2004	310,944	35,447	100.0	25,594	72.2	9,853	27.8
2005	316,375	43,121	100.0	31,180	72.3	11,941	27.7
2006	332,752	39,690	100.0	30,208	76.1	9,482	23.9
2007	345,592	38,491	100.0	29,140	75.7	9,351	24.3

---

6) 통계청, KOSIS

표 1-2 국적별 외국인과의 혼인 현황 (통계청, KOSIS)

	2003	2004	2005	2006	2007	구성비	전년대비 증감률
한국남자+ 외국여자	19,214	25,594	31,180	30,208	29,140	100.0	-3.5
중국	13,373	18,857	20,635	14,608	14,526	49.8	-0.6
베트남	1,403	2,462	5,822	10,131	6,611	22.7	-34.7
캄보디아	19	72	157	394	1,804	6.2	357.9
일본	1,242	1,224	1,255	1,484	1,665	5.7	12.2
필리핀	944	964	977	1,157	1,531	5.3	32.2
몽골	318	504	561	594	745	2.6	25.4
태국	346	326	270	273	531	1.8	94.5
미국	323	344	285	334	377	1.3	12.9
기타	1,246	1,171	1,198	1,233	1,350	4.6	9.5
한국여자+ 외국남자	6,444	9,853	11,941	9,482	9,351	100.0	-1.4

한편, 최근 조사한 주민상주 인구조사에 의한 행정안전부 자료에 의하면 이보다 혼인통계에서 훨씬 많은 수의 국제결혼 이주여성이 거주하고 있음을 보여주고 있다. (표 2)[7]

---

7) 2007, 행정안전부 내부자료

표2 출신국가별 국제결혼 이주여성 현황 (행정안전부, 2007)

국적		한국 국적을 가지지 않은 국제결혼이주여성	혼인귀화자	계
계		75,467	36,367	111,834
동북아	소계	50,635	31,229	81,864
	중국	15,844	10,921	26,765
	중국(조선족)	25,565	19,166	44,731
	대만	2,343	472	2,815
	일본	5,493	529	6,022
	몽골	1,390	141	1,531
동남아	소계	21,094	4,639	25,733
	베트남	14,714	1,320	16,034
	필리핀	3,913	2,915	6,828
	태국	1,287	189	1,476
	인도네시아	336	92	428
	기타	844	123	967
남부아(네팔 등)		197	42	239
중앙아(우즈베키스탄 등)		1,232	177	1,409
미국		559	38	597
러시아		833	74	907
기타		917	168	1,085

2. 다문화 가정의 특징

▌ 다문화 가정의 결혼 형태

외국인여성과 결혼한 한국인남편의 초혼비율이 점차 감소하고 재혼비율은 증가한 것으로 나타났다. 한국인남편의 초혼비율은 2001~2002년 70% 내외였으나, 2003~2005년에는 50%대였으며, 2006년에 다소 증가한 63.0%로 나타났다. 반면, 한국인남편의 재혼비율은 2000년대 초 30%대에서 40%대로 높아졌으나, 2006년에는 다소 감소한 35.4%로 나타났다. 재혼 중에는 '이혼 후 재혼'의 비중이 아주 높았다. 흔히 농촌에서 짝을 찾지 못한 노총각들이 외국에서 신부를 찾은 것 못지않게, 국내에서 결혼에 실패한 남성들이 외국에서 새로운 배우자를 찾기 위해 국제결혼을 선택하는 경향이 증가하고 있음을 볼 수 있다. 후술하겠지만, 한국인남성과 외국인여성간의 연령 차이가 큰 경향과도 연계될 수 있을 것이다.[8) 외국인여성과 결혼한 한국인남성의 초혼건수가 전체 초혼건수 중에서 차지하는 비율은 2001년 2.5%에서 2006년에 6.9%로 증가하였다. 외국인여성과 결혼한 한국인남성의 재혼건수가 국내의 전체 재혼건수 중에서 차지하는 비율은 2001년 6.9%에서 2005년 22.6%로 급상승하였으며, 2006년에 도 19.2%로 높았다. 한국인남성의 재혼이 급격하게 증가한 시기는 한국사회에서 2003년까지 이혼이 급격하게 증가한 이후이다.

---

8) 일정 비용을 지불한다면 언제든지 아내를 맞이할 수 있는 상업적 구조가 국내에서 재혼이 힘든 한국 남성들로 하여금 쉽게 재혼하게 하는데 한 요인이 되었다는 주장이 있다.

▓ 다문화 가정의 지역적 분포

2001년부터 한국인남성과 외국인여성간의 국제결혼은 지속적으로 증가하여 2005년에 정점을 이룬 후 2006년 다소 감소추세로 보인다. 이러한 감소추세는 수도권에서 비롯되어 이 지역의 감소폭은 2005~2006년간 전체 국제결혼건수의 감소폭보다 더 크게 나타났다. 수도권과 전북을 제외하고는 모든 지역에서 최근까지 계속 증가하였다. 이와 같은 국적별 국제결혼 추이의 변동에도 불구하고, 서울과 경기도에서의 국제결혼건수가 전체 건수에서 차지하는 비중은 2004년 49% 수준에서 최근 다소 감소하였으나 여전히 40% 이상으로 높게 나타났다. 한편, 과거에 국제결혼 비중이 서울, 경기도 순으로 높았으나, 2006년에 처음으로 역전되었다(서울 20.4%, 경기 21.5%). 이외 지역에서의 국제결혼 비중은 증가세를 유지하였다. 특히, 경남, 경북, 전남에서 증가폭이 커, 경기와 서울 다음으로 비중이 높았다.

다음 (표 3-1)에서는 2006년 전체 결혼건수와 국제결혼건수 비율을 한국인남성(남편)과 한국인여성(처)을 기준으로 그 비율을 구하고, 이를 합하여 전체 비율을 구하였다.

표3-1 전체 결혼 중 국제결혼 비율 (2006)[9]

(단위: 명,%)

구분	혼인건수				국제결혼비율		
	국제결혼		국제결혼		국제결혼	국제결혼	
	전체 혼인남성	한국인 남성 (외국인처)	전체혼인 여성	한국인 여성 (외국인 남편)	한국인 남성 (외국인처)	한국인 여성 (외국인 남편)	국제결혼 전체
전국	332,752	30,208	332,752	9,482	9.1	2.8	11.9
동부	274,369	21,052	283,816	8,448	7.7	3.0	10.6
읍부	26,938	2,697	23,837	375	10.0	1.6	11.6
면부	31,445	5,682	25,099	443	18.1	1.8	19.8
서울특별시	73,924	6,168	70,711	2,959	8.3	4.2	12.5
부산광역시	20,017	1,466	21,624	520	7.3	2.4	9.7
대구광역시	13,892	1,070	14,298	225	7.7	1.6	9.3
인천광역시	17,261	1,572	16,418	405	9.1	2.5	11.6
광주광역시	8,487	643	8,532	80	7.6	0.9	8.5
대전광역시	9,502	687	9,223	136	7.2	1.5	8.7
울산광역시	7,493	620	6,510	58	8.3	0.9	9.2
경기도	77,231	6,492	67,937	1,829	8.4	2.7	11.1
강원도	8,731	795	8,063	112	9.1	1.4	10.5
충청북도	9,291	953	8,816	110	10.3	1.2	11.5
충청남도	13,373	1,472	11,313	187	11.0	1.7	12.7
전라북도	10,429	1,343	9,985	121	12.9	1.2	14.1
전라남도	10,507	1,582	9,322	113	15.1	1.2	16.3
경상북도	16,178	1,885	14,479	185	11.7	1.3	12.9
경상남도	20,789	2,240	18,446	223	10.8	1.2	12.0
제주도	3,576	277	3,582	102	7.7	2.8	10.6
국외	12,071	943	33,493	2,117	7.8	6.3	14.1

---

9) 통계청, KOSIS

　　전체 결혼건수 중 한국인남성 국제결혼건수 비율은 9.1%로 한국인여성 국제결혼건수 비율 2.8%에 비해 월등히 높게 나타났다. 이를 합한 전체국제결혼 비율은 11.9%로 나타났다. 이를 지역별로 보면, 특히 2006년 한국인 남성－외국인 여성의 국제결혼 비율은 도시지역(동부)이 7.7%인 반면 읍지역 10.0%, 농어촌지역(면부)에서는 18.1%에 달하였다. 이는 농어촌 지역이 도시에 비해 2~3배 높게 나타난 수치다. 한국인여성과 외국인남성과의 국제결혼 비율은 오히려 도시인 동부에서 3.0%로 상대적으로 높고, 면부(1.8%)와 읍부(1.6%)는 거의 유사하였다. 두 국제결혼형태를 합한 경우, 동부와 읍부의 경우 국제결혼비율은 약 10% 수준이었으나, 면부에서는 거의 20% 수준으로 나타났다.

　　또한 외국인 처의 비율을 기준으로 전국 시·군·구의 지역별 국제결혼 현황을 보아도 1위부터 10위까지 모두 농어촌지역이라 할 수 있는 군지역이 차지하고 있었다.[10) 시도별로는 전남이 15.1%로 가장 높고, 다음으로 전북 12.9%, 경북 11.7%, 충남 11.0%, 경남 10.8%, 충북 10.3% 순으로 높게 나타났다. 이들 지역에서는 2006년 결혼 10쌍 중 1쌍 이상이 한국인남성과 외국인여성과의 국제결혼인 것이다. 이외 강원과 인천 각각 9.1%, 경기 8.4%, 서울과 울산 8.3% 등이다. 대전(7.2%)과 부산(7.3%)이 전국에서 국제결혼(한국인남성+외국인여성) 발생도가 가장 낮다고 할 수 있다.

　　한국인여성과 외국인남성과의 국제결혼이 전체 결혼 중 차지하는 비율

---

10) 2006, 설동훈

은 서울 4.2%, 제주 2.8%, 경기 2.7%, 인천 2.5%, 부산 2.4%이며, 나머지 시도의 경우에는 2%미만으로 나타났다. 도시지역에서 한국인여성과 외국인남성과의 국제결혼이 상대적으로 우세함을 보여주는 결과이다.

이를 시군별로 살펴보면 경남 함양군의 경우 한국인남성과 외국인여성과의 국제결혼비율이 39.0%로 가장 높고, 다음으로 경남 의령군(35.0%), 전남 진도군(30.7%), 경남 남해군(30.0%), 경북 의성군(28.7%), 전북 진안군(28.1%), 전남 해남군(27.4%), 전북 무주군(27.2%), 전남 고흥군(26.8%), 경북 영양군(26.4%) 순으로 나타났다.(표 3-2) 경북 봉화군(5.1%), 충남 청양군(4.5%), 경북 성주군(3.6%), 전북 장수군(3.5%), 경남 산청군(3.4%) 등 11) 이처럼 한국인여성과 외국인남성과의 국제결혼 비율이 타 지역에 비해 상대적으로 높게 나타났다. (표 3-2)

---

11) 자료:통계청 KOSIS

표 3-2 시·군·구 국제결혼 순위[12]

(단위 :명,%)

순위	행정구역	혼인건수(명)				국제결혼비율(%)		
		총 남자혼인	외국인처	총 여자혼인	외국인 남편	한국남+ 외국처	한국여+ 외국남편	소계
1	경남 함양군	259	101	169	2	39.0	1.2	40.2
2	경남 의령군	160	56	143	2	35.0	1.4	36.4
3	전남 진도군	192	59	114	1	30.7	0.9	31.6
4	경남 남해군	253	76	206	3	30.0	1.5	31.5
5	경북 의성군	272	78	229	3	28.7	1.3	30.0
6	전북 진안군	153	43	109	1	28.1	0.9	29.0
7	전남 해남군	475	130	378	8	27.4	2.1	29.5
8	전북 무주군	136	37	104	-	27.2	-	27.2
9	전남 고흥군	399	107	325	6	26.8	1.8	28.7
10	경북 영양군	110	29	99	1	26.4	1.0	27.4

다문화 가정의 부부의 연령 분포

한국인남성- 외국인여성간의 국제결혼에서 결혼당시 연령분포를 살펴보면 (표 4)과 같다.

결혼당시 한국인남편의 연령은 1990년대 30대가 주류를 이루었으나, 점차적으로 30대 후반과 더 나아가 40대 이상으로 이동하고 있음을 볼

12) 2006, 통계청 KOSIS

수 있다. 구체적으로 30대 비율은 1995년 48.9%에서 2006년 39.2%로 낮아진 반면, 40대 이상 비율은 1995년 32.7%에서 2006년 54.4%로 높아졌다. 특히 5세 간격 연령별로는 2006년 기준으로 35~39세가 27.1%가 가장 높고, 다음으로 40~44세 20.2%, 50세 이상 13.9%, 45~49세 13.6% 순으로 나타난다. 한국인남편의 연령 변화는 국제결혼이 초기 노총각이 중심이 되었던 것이 최근에는 이혼이나 사별 남성의 재혼이 많아졌기 때문으로 풀이된다.

이와 달리, 외국인여성의 연령은 20대가 주류를 이루고 있으며, 이러한 특징은 지난 10년간 큰 변화가 없는 것으로 나타난다. 구체적으로 25세 미만의 비율이 1995년 30.1%에서 2006년 42.9%로 증가하였으며, 25~29세의 비율은 27.2%에서 18.3%로 급격하게 낮아진 것으로 나타난다. 30대 이상의 비율도 1995년 42.7%에서 2006년 38.8%로 낮아졌다. 남편연령이 부인연령보다 많은 비율은 1995년 88.2%에서 2006년 91.6%로 높아졌다.

| 표4 | 국제결혼 부부(한국인남성-외국인여성)의 연령분포 (1995~2006)[13] |

(단위: %)

연도	결혼연령								계
	15~19	20~24	25~29	30~34	35~39	40~44	45~49	50+	
한국인남편									
1995	0.2	3.3	14.4	26.7	22.7	12.4	7.8	12.5	100.0
1996	0.1	3.5	14.7	30.2	25.4	11.3	6.5	8.2	100.0
1997	0.1	3.0	15.2	28.8	24.5	12.4	6.8	9.2	100.0
1998	0.2	4.1	17.0	25.6	24.5	11.9	7.2	9.6	100.0
1999	0.2	4.5	19.2	28.3	23.0	11.8	5.5	7.4	100.0
2000	0.1	2.7	16.0	29.7	25.9	12.2	6.1	7.2	100.0
2001	0.1	2.0	11.9	25.3	24.3	16.7	9.1	10.6	100.0
2002	0.1	1.6	11.8	24.6	23.9	16.9	10.0	11.2	100.0
2003	0.1	1.3	8.4	19.9	22.4	18.8	13.2	16.1	100.0
2004	0.1	1.2	7.1	16.3	21.1	19.8	15.6	18.8	100.0
2005	0.1	1.1	6.2	15.3	22.9	20.6	16.1	17.7	100.0
2006	0.1	1.3	6.7	17.2	27.1	20.2	13.6	13.9	100.0
외국인부인									
1995	1.0	29.1	27.2	18.5	12.4	6.8	2.7	2.3	100.0
1996	0.9	31.1	32.1	16.4	9.7	5.8	2.2	1.7	100.0
1997	0.9	32.8	31.3	13.9	10.1	6.0	2.9	2.1	100.0
1998	1.2	26.9	30.9	16.5	11.3	7.6	3.2	2.4	100.0
1999	1.8	26.1	33.9	17.1	10.0	6.2	2.8	2.1	100.0
2000	1.3	26.5	33.5	17.9	10.3	6.0	2.8	1.7	100.0
2001	1.1	24.8	28.4	17.2	13.3	9.1	3.9	2.1	100.0
2002	2.6	25.1	25.9	17.6	13.3	8.6	4.7	2.1	100.0
2003	4.3	21.3	20.6	16.4	14.0	11.7	7.7	4.0	100.0
2004	5.3	18.7	17.2	15.5	14.6	14.2	9.4	5.1	100.0
2005	8.8	19.9	16.0	13.9	13.9	13.7	8.6	5.2	100.0
2006	16.0	26.9	18.3	12.3	10.8	8.1	4.6	3.0	100.0

13) 2007, 이삼식 외 "국제결혼 이주여성의 결혼·출산 행태와 정책방향 – 한국보건
사회연구원

이를 연령차이별로 보면, 점차적으로 연령 차이가 커지는 것을 볼 수 있다. 2000년대 초까지만 해도 6~9세 차이가 25% 이상으로 가장 높았으나, 최근에는 10~14세 차이의 비율이 가장 높은 것으로 나타난다. 10세 미만의 연령 차이의 비율이 점차 적어지고 있는 것은 주로 15세 이상 차이의 비율이 상대적으로 높아졌기 때문이다. 예를 들어, 15~19세 차이의 비율이 1995년 9.1%에서 2006년 20.4%로 2배 이상 높아졌으며, 20세 이상 차이도 동 기간 4.6%에서 15.8%로 3배 이상 높아진 것으로 나타난다.

한국 입국 당시, 여성 결혼이민자는 32.4세이고, 한국인 배우자의 평균 연령은 42세다. 이민자 중 베트남이 22.0세로 가장 낮고, 필리핀 27.4세, 몽골 28.7세, 태국 29.7세로 나타났다. 반면, 중국동포 36.7세, 중국 한족 34.7세, 일본을 제외한 선진국 33.5세, 일본 31.3세로 나타났다. 그들의 거주지가 도시이냐 농촌이냐에 따라 평균 연령이 약간 다른데, 도시에 있는 여성 이민자의 평균 연령은 33.7세이고, 농촌에 있는 여성 이민자는 31.1세로, 농촌에 거주하는 결혼이민 여성이 약간 더 젊다.

전자, 즉 저연령 집단은 농촌 거주자의 비율이 상대적으로 높고, 후자 즉 고연령 집단은 도시 거주 비율이 훨씬 높다. 이는 국제결혼의 속성, 즉 농촌에서는 노총각의 초혼이 다수를 차지하고, 도시에서는 재혼 또는 삼혼 이상자의 결혼이 주류를 차지하는 현상과 밀접히 관련된다. 남성 결혼이민자의 경우, 베트남 출신 남성의 입국 당시 연령이 29.4세로 단연 젊다.

결혼이민자의 입국 당시 연령은 현재 연령에서 국내 체류기간을 뺀 것으로, 20대(41.6%), 30대(31.8%), 40대(21.1%), 50대 이상(5.5%)의 순이다. 여성 결혼이민자는 20대의 비율이 44.7%로 단연 높고, 30대가 30.6%

이며, 40대는 19.9%, 50대 이상은 4.8%에 불과하다. 남성 결혼이민자는 30대(40.8%)와 40대(30.1%)의 비율이 압도적으로 높고, 20대(18.0%)와 50대 이상(11.1%)의 비중은 상대적으로 낮다.

국제결혼 이주여성의 연령을 살펴보면, 29세 이하의 비율이 도시에 거주하는 베트남 여성은 92.2%, 기타 외국 여성은 58.5%, 농촌에 거주하는 베트남 여성은 91.1%, 기타 외국 여성은 41.4%로, 도시의 경우 농촌에 비해 전반적으로 29세 이하의 비율이 높으며, 도시나 농촌 모두에서 베트남 여성이 기타 외국 여성에 비해 29세 이하의 비율이 높았다.

국제결혼 부부의 출신 국적별 결혼당시 평균 연령을 살펴보면, 외국인 부인의 평균연령은 24.5세 그리고 한국인 남편 평균 연령은 38.5세로 그들 부부의 연령 차이는 평균 14.1세 였다. 이는 2006년 전국 출산력 조사에서는 남편과 부인의 평균 초혼연령이 남편 27.4세, 부인 24.0세로 남녀 간에 3.3세 차이를 나타낸 결과와는 큰 차이를 나타낸다.

출신 국적별로 살펴보면 남편과 부인의 연령차이가 가장 많은 출신국적은 캄보디아로 16.8세이었고, 그 다음으로 베트남 16.7세, 네팔 14.4세 등이었다. 부인의 평균 연령이 가장 낮은 출신국적도 베트남 22.6세, 캄보디아 23.2세, 네팔 23.9세 등이었다.

보다 자세히 살펴보면, 외국인 부인이 한국인 남편보다 연상인 경우는 2.4%이었고, 남편이 1~9세 연상 22.0%, 남편이 10~19세 연상 53.8%, 남편이 20세인 경우 21.8% 이었다. 남편이 10세 이상 연상인 경우 네팔 여성(100.0%)에서 가장 많았고 그 다음으로 베트남(91.5%), 캄보디아(89.4%), 몽골(75.0%), 카자흐스탄(75.0%)의 순이었다.

  최근 3년간 이화여자대학교가 보건복지가족부 질병관리본부 용역사업
으로 진행한 동아시아 이민자 코호트 사업의 연구 결과를 통해 보다 자세
히 살펴보면, 아래 (표 5)와 같이 2006년에 21~25세 이민자 여성이 전체
의 43.61%에 달했으나. 2007년 51.18%, 2008년 52.4%로 여전히 꾸준
히 증가하고 있음을 알 수 있다. 45세 이상의 여성은 2006년 1.00%에서
2007년 0.15%, 2008년 0.2%로 2006년에 비해 각각 2007년, 2008년에
는 소폭 감소한 것으로 나타난다.

  한편, 남성의 경우 2006년에는 36~40세가 35.92%로 가장 많은 비율
을 차지하고 있고 이는 2007년 38.09%, 2008년 38.3% 와 비교해 큰 변
화가 없는 것으로 나타났다. 이로써 여성의 연령은 점차 낮아지고 있는
반면 남성의 경우 큰 변화를 보이지 않는 것으로 보아 이전의 조사결과와
같이 최근의 결과에서도 국제결혼 부부의 연령차가 꾸준히 커지고 있음을
의미하고 있다. (표 5-1, 5-2, 5-3)

표5-1 조사대상자의 연령 분포(2006)

	전체			
	여성		남성	
	N	(%)	N	(%)
	연령			
20세 미만	97	24.31	-	-
21-25	174	43.61	-	-
26-30	71	17.80	5	2.43
31-35	36	9.02	26	12.62
36-40	13	3.26	74	35.92
41-45	4	1.00	64	31.07
45세 이상	4	1.00	37	17.96
전체	399	100	206	100

표5-2 조사 대상자의 연령분포 (2007)

	전 체			
	여성		남성	
	N	(%)	N	(%)
연령				
20세 이하	214	(31.56)	-	-
21-25 세	347	(51.18)		
26-30 세	97	(14.31)	11	(2.15)
31-35 세	13	(1.92)	100	(19.53)
36-40 세	4	(0.59)	195	(38.09)
41-45 세	2	(0.29)	132	(25.78)
46-50 세	1	(0.15)	50	(9.77)
51세 이상	-	-	22	(4.30)

표5-3 조사 대상자의 연령분포 (2008)

	전 체			
	여성		남성	
	N	(%)	N	(%)
연령				
20세 이하	139	(20.9)	-	-
21-25 세	349	(52.4)	-	-
26-30 세	124	(18.6)	9	(2.1)
31-35 세	38	(5.7)	68	(15.8)
36-40 세	12	(1.8)	165	(38.3)
41-45 세	3	(0.5)	137	(31.8)
46-50 세	1	(0.2)	35	(8.1)
51세 이상	-	-	17	(3.9)

이를 토대로 국제결혼 부부의 연령차를 구체적으로 살펴보면, 가장 큰 비율을 차지하고 있는 15세 이상 20세 미만의 연령차 비율이 2006년, 35.61%, 2007년 36.6%, 2008년 39.1% 로 점차 증가하고 있음을 알 수 있다. (표 6)

표 6 배우자의 연령차이의 분포 (2006-2008)

연령 (세)	N	%
0세 미만	5	0.4
0-5 세	31	2.6
6-10 세	95	8.1
11-15 세	305	26.0
16-20 세	437	37.3
21-25 세	228	19.4
26-30 세	54	4.6
31-35 세	12	1.0
35 세 이상	6	0.5
전체	1173	100

요컨대, 위와 같이 국제결혼에서 한국인 남편의 연령은 점차 높아지고 있는 반면, 외국인여성의 연령은 점차 낮아지고 있다. 이는 결과적으로 한국인남성과 외국인여성 간의 연령 차이가 더욱 커지고 있음을 의미하며, 이는 부부관계에서 여러 형태로 갈등구조를 유발할 수 있고, 인구학적으로도 자녀출산 및 양육에 부정적인 영향을 미칠 수 있다고 하겠다.

국제결혼부부의 교육수준

국제결혼 부부의 교육수준은 (표 7)에 제시되어 있다.

표7 국제결혼 부부(한국인남성-외국인여성)의 교육수준 (1995~2006)[14]

(단위: %)

연도	중학교 이하	고등학교	대학이상	전체
한국남편 교육수준				
1995	45.4	44.2	10.4	100.0
1996	46.4	43.4	10.2	100.0
1997	41.4	45.5	13.1	100.0
1998	32.7	49.3	18.0	100.0
1999	26.8	50.0	23.2	100.0
2000	29.8	50.5	19.7	100.0
2001	27.2	53.8	19.1	100.0
2002	26.2	53.9	19.9	100.0
2003	27.8	54.7	17.5	100.0
2004	27.3	56.9	15.8	100.0
2005	26.0	58.3	15.6	100.0
2006	21.6	58.9	19.5	100.0
외국인처 교육수준				
1995	44.1	43.9	12.0	100.0
1996	42.4	42.6	15.0	100.0
1997	46.5	38.5	15.0	100.0
1998	41.5	38.8	19.7	100.0
1999	27.1	41.8	31.2	100.0
2000	27.7	41.9	30.3	100.0
2001	38.9	39.8	21.3	100.0
2002	36.0	41.0	23.1	100.0
2003	40.4	42.0	17.5	100.0
2004	41.0	44.1	14.8	100.0
2005	40.4	46.8	12.8	100.0
2006	36.5	48.9	14.6	100.0

14) 자료: 통계청, 결혼통계(원자료) 분석 결과.

한국남편의 교육수준은 1996년까지 중학교 이하가 가장 많았으며, 다음으로 고등학교, 대학 이상 순으로 나타났다. 그러나 이후에는 고등학교 학력이 가장 많고, 다음으로 중학교이하, 대학이상 순으로 나타났다. 특이할만한 점은 최근에 올수록 대학이상 학력의 한국인 남편의 비율이 높아지고 있으며, 그 비율은 2006년에 19.5%로 중학교이하 학력 21.6%에 근접한 것으로 나타났다. 외국인여성(처)의 학력 수준을 보면, 한국인남편과 달리 연도별로 편차가 있는 것으로 나타난다. 대체적으로 1999년 이전에는 중학교이하인 경우가 가장 많고, 다음으로 중학교 학력, 대학이상의 순으로 나타난다. 그러나 그 후에는 고등학교 학력소지자, 중학교이하, 대학이상 순으로 나타난다.

특이한 점은 외국인여성(처) 중 대학이상 고학력 비율이 1999년과 2000년에 30% 이상을 상회하며, 이후에는 급격히 감소하여 2006년에는 14.6%로 낮아졌다. 전체적으로 한국인남편의 학력에 비해 외국인부인의 학력 수준이 전반적으로 높다고 볼 수는 없을 것이라는 판단이 든다.

한편, 최근 국제결혼 이주여성의 학력을 본인의 응답을 통해 파악한 교육수준을 보면 고등학교 졸업이 34.6%로 가장 많았고, 그 다음으로 중학교 28.8%, 전문대 이상 24.6%, 중학교 미만 12.0% 순이었다. 도시, 농촌 지역별 차이는 거의 없었고, 베트남 여성의 경우 도시, 농촌 모두 중학교 졸업이 41.6%로 가장 많아 다른 출신국가 여성에 비하여 상대적으로 학력이 다소 낮은 것으로 나타났다.[15]

---

15) 2008, 김혜련 외 "국제결혼 이주여성의 생식건강 실태와 정책과제" - 한국보건사 회연구원 정책보고서

이주여성의 한국인 남편의 학력은 고등학교 졸업이 55.6%로 가장 많았고, 그다음으로 전문대 이상 19.6%, 중학교 18.5%, 중학교 미만 6.3% 순이었다. 부인의 출신국적에 상관없이 도시가 상대적으로 남편 학력이 높게 나타났고, 베트남 여성의 남편보다는 다른 출신국가 여성의 남편학력이 약간 높게 나타났다.

최근 3년간 이화여자대학교가 보건복지가족부 질병관리본부 용역사업으로 진행한 동아시아 이민자 코호트 사업의 연구 결과를 통해 보다 자세히 살펴보면, 아래 (표 8, 9)와 같이 여성 이민자의 경우 중졸이상이거나 고등학교 중퇴자가 가장 많았고 배우자의 경우 고졸의 학력이 55%로 가장 많아 이민자 여성보다는 배우자의 학력이 높았다.

표 8 국제결혼 이주 여성의 교육수준

	1차		2차		3차		총계	
무학	3	0.77	11	1.64	11	1.67	25	1.45
초중퇴	47	11.99	75	11.18	78	11.85	200	11.62
초졸-중중퇴	81	20.66	187	27.87	140	21.28	408	23.71
중졸-고중퇴	108	27.55	241	35.92	236	35.87	585	33.99
고졸	92	23.47	138	20.57	129	19.60	359	20.86
전문대졸	15	3.83	10	1.49	20	3.04	45	2.61
대중퇴	15	3.83	6	0.89	10	1.52	31	1.80
대졸	27	6.89	3	0.45	32	4.86	62	3.60
대학원이상	4	1.02	0	0.00	2	0.30	6	0.35
총계	392	100.00	671	100.00	658	100.00	1721	100.00

표9 국제결혼 남성의 교육수준

	1차		2차		3차		총계	
무학	3	0.99	11	0.40	4	0.94	8	0.71
초중퇴	5	2.46	7	1.39	6	1.41	18	1.59
초졸-중중퇴	14	6.90	44	8.75	41	9.60	99	8.74
중졸-고중퇴	33	16.26	80	15.90	66	15.46	179	15.80
고졸	105	51.72	280	55.67	242	56.67	627	55.34
전문대졸	4	1.97	32	6.36	21	4.92	57	5.03
대중퇴	6	2.96	18	3.58	14	3.28	38	3.35
대졸	30	14.78	37	7.36	31	7.26	98	8.65
대학원이상	4	1.97	3	0.60	2	0.47	9	0.79
총계	203	100.00	503	100.00	427	100.00	1133	100.00

이를 좀 더 정밀하게 진단하기 위하여 한국인남편과 외국인부인간의 학력을 직접 비교해볼 필요가 있다. (표 10)

표10 국제결혼 부부(한국인남편-외국인부인)의 학력차이 (1995~2006)

(단위: %)

연도	남편학력 > 부인학력	남편학력 = 부인학력	남편학력 < 부인학력	전체
1995	18.4	61.0	20.6	100.0
1996	17.8	58.2	24.0	100.0
1997	22.5	59.0	18.4	100.0
1998	23.7	60.4	15.9	100.0
1999	19.6	56.6	23.8	100.0
2000	19.9	52.0	28.2	100.0
2001	27.7	54.3	18.0	100.0
2002	26.6	54.4	19.0	100.0
2003	28.1	55.6	16.3	100.0
2004	28.3	57.1	14.6	100.0
2005	29.3	57.5	13.3	100.0
2006	30.9	56.5	12.6	100.0

이들 부부의 학력수준이 동등한 비율이 1995년 61.0%이며, 한국인남편이 외국인부인보다 학력수준이 높은 경우는 18.4%, 외국인부인의 학력수준이 한국인남편에 비해 높은 경우는 20.6%로 나타난다. 그러나 한국인남편의 학력이 외국인부인의 학력보다 높은 비율은 2006년에 30.9%로 점진적으로 증가하고 있는 반면, 외국인부인의 학력이 한국인남편의 학력보다 높은 비율은 2006년 12.6%로 감소한 것으로 나타난다.

우선 1995년을 기준으로 한국인남성 - 외국인여성의 교육정도가 중학이하 - 대학이상인 비율은 1.5%에 불과하며, 고등학교 - 대학이상의 비율은 4.2%로 나타난다. 2006년을 기준으로 한국인남성 - 외국인여성의 교육정도가 중학이하 - 대학이상 1.0%, 고등학교 - 대학이상 4.0%로 1995년에 비해 큰 차이가 없다. 즉 대학이상 고학력 외국인여성과 대학 미만의 저학력 한국인남성과 결혼한 비율은 5% 수준으로 상대적으로 낮게 나타난다.

다만, 중학이하 한국인남성과 고등학교 학력의 외국인여성과 결합하는 비율은 1995년 14.9%로 상대적으로 높으나, 이마저 2006년에는 6.9%로 낮아 졌다. 요컨대, 한국사회에서 보통 남편의 학력이 부인의 학력과 같거나 높다고 볼 때, 국제결혼도 점차적으로 그러한 경향을 보이고 있는 것으로 해석된다. 외국인부인의 학력이 남편보다 높아 발생할 수 있는 부부간 갈등 구조는 점차 약화될 것으로도 해석이 가능하다.

2006년 설동훈 등에 의하면 여성 이민자는 중졸이하가 34.5%, 고졸이 38.9%, 전문대졸 이상이 24.6%임에 비해, 여성 결혼이민자 가운데 도시에 거주하는 경우가 농촌에 거주하는 경우보다 학력이 약간 더 낮은 편이다. 그러나 여성 이민자와 결혼한 한국인 남성의 학력은 농촌보다 도시에서 약간 더 높으므로, 농촌 지역에서 배우자 간의 학력 차이가 더 벌어진다.

출신국 별로도 학력은 크게 차이가 있어서, 일본 여성의 학력이 가장 높으며, 그 다음은 기타 국적과 필리핀여성, 중국 한족, 조선족, 베트남의 순으로 학력이 낮다. 특히 베트남여성의 학력이 가장 낮아서, 그들의 64.7%가 중졸 이하의 학력을 가지고 있다. 여성 이민자와 결혼을 한 한국인 남편들은 거주지에 따라 학력 차이가 약간 있어서, 도시에 비해서 농촌에 거주하는 한국인 남편의 학력이 약간 낮다. 그러나 2005년 인구센서스에 나타난 도시와 농촌 지역의 부부 가구의 가구주 학력 차이와 비교할 경우에는, 본 조사의 도시와 농촌 간의 가구주(한국인 남편) 학력 차이가 매우 적은 편이다. 2005년 인구센서스에서 부부 가구의 가구주의 학력은 도시에서는 중학교 이하가 17.8%, 고등학교가 38.8%, 전문대 이상이 43.5%이나, 농촌에서는 중학교 이하가 45.8%, 고등학교가 4.1%, 전문대 이상이 20.1%로 농촌 가구주(남편)의 학력이 도시보다 상당히 낮다.16) 그러나 본 조사의 국제결혼 가구의 한국인 남편의 경우에는 도시에서는 중학교 이하가 26.4%, 고등학교가 51.9%, 전문대 이상이 19.2%이고, 농촌에서는 중학교 이하가 29.9%, 고등학교가 53.1%, 전문대 이상이 12.9%로 나타나, 본 조사에 응한 한국인 남편들의 도시·농촌 간 학력 차이가 매우 적은 편이다. 이는 농촌은 물론 특히 도시에서 교육 수준이 낮은 경우에 한국인 남성들이 국제결혼을 많이 하기 때문으로 생각된다.

이민자의 출신국별로 한국인 남편들의 학력에 차이가 있는데, 조선족,

---

16) KOSIS의 2005년 인구센서스 재집계

베트남, 필리핀 여성과 결혼한 한국인 남편들의 학력은 매우 낮은 편이다. 한국인 남편과 외국인 아내로 구성된 국제결혼 가정에서는 부부간 학력이 유사한 경우는 51%, 차이가 있는 경우는 49%이고, 부부간에 학력 차이가 있는 경우는 다시 외국인 아내의 학력이 한국인 남편보다 낮은 경우가 $\frac{1}{2}$, 높은 경우가 $\frac{1}{2}$로 반반씩이다. 여성 결혼이민자의 학력은 도시보다 농촌에서 약간 더 높고, 이와는 반대로 한국인 남편의 학력은 도시보다 농촌에서 약간 더 낮기 때문에, 부부간 학력의 차이는 도시보다는 농촌에서 더 큰 편이다.

3. 국제결혼 이주여성의 특징

▌국제결혼 이주여성의 언어수준

국제결혼 이주여성의 한국말 수준은 생활에 필요한 짧은 대화가능은 59.7%로 가장 많았고, 간단한 언어를 말하는 정도는 26.5%, 불편함 없이 말함이 12.2%, 거의 이해하지 못함이 1.6%로 약 70%이상이 어느 정도 한국말을 구사하는 것으로 나타났다.[17]

한편, 국내 이주자 코호트에 따르면 동아시아 여성의 94.75%는 남편과 대화할 때 주로 한국어를 사용하는 것으로 동아시아 여성의 대부분이 한국어를 구사하는데 별 어려움이 없음을 알 수 있다. (표 11)

---

17) 2008, 김혜련 외 "국제결혼 이주여성의 생식건강 실태와 정책과제" - 한국보건사회연구원 정책보고서

표11 국제결혼 이주 여성이 주로 쓰는 언어

	여 성							
	베트남		캄보디아		몽골		전체	
	N	(%)	N	(%)	N	(%)	N	(%)
한국어	504	(94.56)	63	(96.92)	47	(94.00)	614	(94.75)
영어	1	(0.19)	-	-	-	-	1	(0.15)
본국어	3	(0.56)	-	-	2	(4.00)	5	(0.77)
한국어+영어	-	-	-	-	-	-	-	-
한국어+본국어	22	(4.13)	1	(1.54)	1	(2.00)	24	(3.70)
영어+본국어	-	-	-	-	-	-	-	-
한국어+영어+본국어	-	-	-	-	-	-	-	-
대화를 거의 하지 않음	3	(0.56)	1	(1.54)	-	-	4	(0.62)

▌국제결혼 이주여성의 종교

국제결혼 이주여성의 종교는 출신국가의 종교에 따라 달라질 수 있다. 조사대상자의 과반수 이상이 베트남 출신 여성으로 구성된 영향인지 국제결혼 이주여성의 종교는 불교가 35.4%로 가장 많았고, 그 다음으로 무교 30.9%, 가톨릭 11.9%, 기독교 10.5%, 통일교 7.3%, 러시아 정교 0.9%, 이슬람교 0.8%, 힌두교 0.1% 등의 순이었다.[18]

이를 2008년 이화여자대학교가 보건복지가족부 질병관리본부 용역사업으로 진행한 동아시아 이민자 코호트 사업의 연구결과를 통해 출신국별

---

18) 2008, 김혜련 외 "국제결혼 이주여성의 생식건강 실태와 정책과제" - 한국보건사회연구원 정책보고서

로 좀 더 구체적으로 살펴보면 국제결혼 이주여성의 대부분이 동아시아 여성이기 때문에 불교가 가장 많은 비율을 차지하고 있음을 알 수 있다. (표 12)

표 12 국제결혼 이주 여성의 출신국별 종교

종교	배트남		캄보디아		몽골		전체	
	여 성							
	N	(%)	N	(%)	N	(%)	N	(%)
종교								
없음	143	28.2	13	20.0	17	36.2	173	28.0
기독교/천주교	58	11.4	7	10.8	12	25.5	77	12.4
불교	301	59.4	45	69.2	17	36.2	363	58.6
힌두교/이슬람교	2	0.4	-	-	-	-	2	0.3
통일교	1	0.2	-	-	-	-	1	0.2
기타	2	0.4	-	-	1	2.1	3	0.5

▌ 결혼이민자 여성의 본국 거주지 유형

2006년 설동훈 등에 의하면 국제결혼을 한 외국인 배우자에게 본국에서의 거주지 유형은 외국인 아내들의 경우, 도시에 거주하는 경우에는 도시 출신(52.4%)이 농촌 출신(47.6%)보다 약간 많지만, 농촌에 거주하는 경우에는 농촌 출신(62.4%)이 도시 출신(37.6%)의 거의 2배 가까이나 된다. 이는 본국에서 농촌에 거주한 적이 있는 베트남과 필리핀 여성이 상대적으로 농촌에 더 집중되어 있기 때문이다.

　이를 2008년 이화여자대학교가 보건복지가족부 질병관리본부 용역사업으로 진행한 동아시아 이민자 코호트 사업의 연구결과를 통해 보면 결혼이민자 대부분인 76.4%가 농촌 출신이었는데 이는 본 코호트가 베트남 출신의 여성을 대상으로 하였고 코호트 대상지역도 대도시 보다는 농촌에 집중되어 있기 때문으로 생각된다. (표13)

표13 　국제결혼 이주 여성의 이주전 거주지역

	2차(명수)	%	3차(명수)	%	Total	%
농촌	502	80.58	411	71.85	913	76.40
산촌	10	1.61	11	1.92	21	1.76
어촌	34	5.46	29	5.07	63	5.27
도시	77	12.36	121	21.15	198	16.57
Total	623	100.00	572	100.00	1195	100.00

▊ 결혼(동거)기간

　2006년 설동훈 등에 의하면 현 배우자와의 결혼기간은 3년 미만이 39.8%로 가장 많았으며, 그 다음으로 3년 이상~5년 미만(23.5%), 5년 이상~10년 미만(23.5%), 그리고 10년 이상인 경우는 13.2%였다. 결혼기간은 여성 결혼이민자의 거주지와 출신국에 따라 차이가 있어서, 농촌에 거주하는 여성 결혼 이민자들의 결혼 기간이 도시에 비해 더 길며, 특히 일본여성의 결혼 기간이 가장 길고, 그 다음은 조선족, 한족, 필리핀여성의 순이다. 베트남여성의 67.8%가 결혼기간이 3년 미만으로 가장 짧다.

▌ 결혼이민자의 국내 체류기간

결혼이민자의 국내 체류기간은 5년 미만이 87.6%로, 단기체류자가 압도적 다수를 차지한다. 이는 2003년 이후 국제결혼이 크게 증가한 것과 밀접한 관련이 있다. 성별 체류기간 차이는 별로 두드러지지 않는다.

결혼이민자의 체류기간 분포를 보면, 농촌 거주 여성 결혼이민자의 경우 30.6%가 1년 미만이라는 점이 주목된다. 국제결혼이 농촌 총각들을 중심으로 진행되고 있는 현상의 반영이다. 그런데, '5년 이상' 체류자의 비율이 농촌 거주 여성 결혼이민자의 경우 가장 높다는 점도 주목하여야 한다. 이는 국내 결혼이민의 역사가 사실상 1980년대 후반부터 진행된 '농촌 총각 장가보내기'로부터 시작한 것의 반영으로 해석된다.[19]

2008년에 들어 국제결혼 이주여성의 체류기간별 거주지역을 살펴보면 1년 미만 또는 1~3년 미만의 경우가 대도시와 중소도시가 68.8%, 64.2%로 군지역 53.9% 보다 상대적으로 높은 것을 볼 때 국제결혼이 농촌 노총각 장가보내기의 일환으로 시작되었으나 최근에는 도시에서의 국제결혼이나 결혼이주가 증가한 것으로 볼 수 있다.[20]

국제결혼 이주여성의 체류기간별 출신국적을 살펴보면 아래 표와 같다. 1년 미만 또는 1~3년 미만의 경우가 베트남의 경우 73.7%로 나타났고, 필리핀은 33.9%, 기타는 55.8%로 나타나 다른 출신국적에 비해 베트남

---

19) 2005, 설동훈, "결혼이민자 가족실태조사 및 중장기 지원정책방안 연구"
20) 2008, 김혜련 외 "국제결혼 이주여성의 생식건강 실태와 정책과제" – 한국보건사회연구원

이 상대적으로 최근에 국제결혼으로 이주한 여성이 많은 것으로 볼 수 있다.

2006년 설동훈 등에 의하면 한국에서의 총 거주기간은, 이민자의 ⅔ 정도(67%)는 한국에서 1년이상~6년미만 거주하였고, 10년이상 장기 거주한 비율은 13%다. 여성 이민자가 한국으로 국제결혼을 통해 들어 온 것은 농촌에서부터 시작되었으므로, 농촌에 있는 여성 결혼이민자 집단이 도시의 여성 결혼이민자 집단에 비해 한국에서 거주한 기간이 상대적으로 더 길다.

출신국에 따라서 일본 여성의 거주기간이 가장 길고, 그 다음은 조선족, 중국 한족, 필리핀의 순이며, 베트남 여성의 거주기간이 가장 짧아 '결혼 기간 3년 미만'이 67.8%였다.

이를 2008년 이화여자대학교가 보건복지가족부 질병관리본부 용역사업으로 진행한 동아시아 이민자 코호트 사업의 연구결과를 통해 보면 (표 14) 와 같이 90% 이상의 결혼이민자 여성이 4년미만의 거주기간을 보여 타조사에 비해 거주기간이 더욱 짧았다.

표 14	국제결혼 이주 여성의 국내거주기간					
	2차	%	3차	%	Total	%
1년 미만	277	41.72	200	30.72	477	36.27
1-2년	228	34.34	159	24.42	387	29.43
2-4년	140	21.08	208	31.95	348	26.46
4-6년	15	2.26	64	9.83	79	6.01
6-8년	1	0.15	11	1.69	12	0.91
8-10년	3	0.45	4	0.61	7	0.53
10년 이상	0	0.00	5	0.77	5	0.38
Total	664	100.00	651	100.00	1315	100.00

4. 다문화 가정의 직업과 수입 분포

국제결혼 이주여성의 현재 직업을 살펴보면, 무직(주부)인 경우가 76.5%로 높았다. 직업 구성을 보면 강사 7.2%, 농업·어업·양식업 6.5%, 공장노동직 3.6%, 식당일 1.5%, 자영업(가게)1.3%, 사무직 0.9%, 판매원, 외판원 0.8% 등의 순으로 나타났다.

국제결혼 이주여성의 남편이 현재 하고 있는 일은 농업이 23.8%로 가장 많았고, 그 다음이 공장노동자 15.8%, 회사 사무원 12.9%, 자영업(가게) 8.5%, 운전기사 7.8%, 무직, 단순노무자 각 6.8%, 전문기술 엔지니어 5.9%, 기계/카센터 정비 3.4% 등의 순으로 나타났다.

도시에 거주하는 베트남 여성의 남편의 직업은 공장노동자 22.0%로 가장 많았고, 그 다음으로 회사 사무원 18.1%, 운전기사 10.5%, 자영업(가게) 9.4%, 전문기술 엔지니어 8.0% 등의 순이었고, 도시에 거주하는 다른 출신국가 여성의 남편의 직업도 비슷하게 공장노동자 19.0%로 가장 많았

고, 회사 사무원, 자영업(가게) 각 14.3%, 농업 8.9% 등의 순으로 나타났
다. 농촌에 거주하는 베트남 여성의 남편의 직업은 농업이 44.5%로 가장
많았고, 공장 노동자 11.8%, 회사 사무원 10.5% 등의 순이었고, 농촌에
거주하는 다른 출신국가 여성의 남편의 직업은 농업이 45.5%로 가장 많
았고, 단순 노무자 10.2%, 운전기사 7.4% 등의 순으로 나타났다.[21]

한편, 2006~2008에 실시한 국내 이주자 코호트 연구결과를 통해서 구
체적으로 살펴보면 다음과 같다. (표 15-1, 15-2. 15-3)

표15-1 2006년도 다문화 가정의 직업

현재 직업	전 체			
	남 (N=206)		여 (N=399)	
	N	%	N	%
고위 관리자	2	1.0	1	0.3
전문직	8	3.9	5	1.3
기술공 및 준전문가	25	12.1	1	0.3
사무직	16	7.8	8	2.0
서비스 종사자	23	11.2	6	1.5
판매 종사자	12	5.8	2	0.5
농업, 임업 및 어업 숙련 종사자	19	9.2	3	0.8
기능원 및 관련기능 종사자	26	12.6	11	2.8
장치, 기계조작 및 조립 종사자	10	4.9	4	1.0
단순노무 종사자	25	12.1	10	2.5
군인	0	0	0	0
주부 또는 가사종사자	0	0	302	75.7
무직	11	5.3	20	5.0
기타	19	9.2	11	2.8
결측	10	4.9	15	3.7
전체	206	100	399	100

21) 2008, 김혜련 외 "국제결혼 이주여성의 생식건강 실태와 정책과제" – 한국보건사
　　회연구원

표 15-2 2007년도 다문화 가정의 직업

	전 체			
	남성		여성	
	N	(%)	N	(%)
전문가/준전문가/사무직	75	(15.09)	5	(0.75)
서비스/판매직	70	(14.08)	8	(1.21)
농업/임업/어업	125	(25.15)	15	(2.26)
기능/단순노무직	204	(41.05)	22	(3.32)
주부/가사	-	-	575	(86.73)
무직	11	(2.21)	33	(4.98)
기타	12	(2.41)	5	(0.75)

표 15-3 2008년도 다문화 가정의 직업

	전 체			
	남성		여성	
	N	(%)	N	(%)
전문가/준전문가/사무직	48	(11.40)	4	(0.63)
서비스/판매직	80	(19.00)	11	(1.72)
농업/임업/어업	104	(24.70)	31	(4.86)
기능/단순노무직	163	(38.72)	30	(4.70)
주부/가사	1	(0.24)	535	(83.86)
무직	19	(4.51)	23	(3.61)
기타	6	(1.43)	4	(0.63)

위와 같이 여성의 경우 무직을 포함한 주부의 비율이 2006~2008년 사이에 큰 변화가 없음을 알 수 있다. 남성의 경우 2007년도에 들어서 기능 및 단순노무직에 41.05%로 가장 많았고, 다음으로 농업 등 농촌 생활과

관련된 직업이 두 번째로 많았다. 2008년 역시 2007년 당시와 큰 차이를 보이지 않고 있다.

다문화 가정의 수입에 있어서도 월 100-199만원 사이의 저소득 계층이 많았으며 대상가정의 90%에서 월 300만원 이하의 가계 소득을 갖고 있어 경제적으로 넉넉하지 않음을 알 수 있었다. (표 16)

표 16 다문화 가정의 특성- 가정의 경제상태

	조사대상자	
	N	(%)
월평균수입		
100만원 이하	139	(22.6)
100-199 만원	340	(55.4)
200-299 만원	79	(12.9)
300-399 만원	20	(3.3)
400-499 만원	13	(2.1)
400 만원 이상	23	(3.8)
집의 소유		
없음	49	(7.8)
자가	360	(57.2)
전세/월세	168	(26.7)
기타	52	(8.3)

5. 다문화 가정의 가족 수 분포

2006년 설동훈 등에 의하면 이민자의 현재 동거하고 있는 가족관계를 살펴보면, (표 17)에 제시되어 있듯이, 배우자와 동거 즉 부부만이 사는 가구가 88.2%로 가장 높고, 자녀와 함께 동거하는 가구는 56.4%이다. 그 다음으로 배우자의 부모(22.3%)와 함께 동거하는 확대가족이 22.3%이고, 배우자의 형제·자매와 함께 동거하는 경우도 4.5%이다. 농촌에서 거주하고 있는 여성의 경우 배우자의 부모(37.3%)와 동거하는 비율이 타 집단에 비해 상대적으로 높게 나타났고, 특히 베트남 출신 여성 이민자집단 (40.2%)의 경우는 타 출신국의 여성 혹은 남성들에 비해 한국인 배우자의 부모와 함께 동거하고 있는 비율이 매우 높다.

표 17 다문화 가정의 현 동거가족

(단위: %명)

			배우자	자녀	배우자의 부모	배우자의 형제·자매	본국에서 온 가족	1인 거주	기타
전체		(1144)	88.2	56.4	22.3	4.5	3.1	0.7	1.0
성별	여성	(1034)	87.6	57.3	23.9	4.74	3.1	0.7	1.2
	남성	(110)	93.6	48.2	7.3	5.5	3.6	0.9	0.0
성별·거주자별	여성-도시	(801)	87.0	54.8	20.0	4.1	3.6	0.6	1.1
	여성-농촌	(233)	89.7	65.7	37.3	5.2	1.3	0.9	1.3
	남성	(110)	93.6	48.2	7.3	5.5	3.6	0.9	0.0
성별·출신국가별	여성-조선족	(488)	87.9	54.5	18.6	3.9	4.7	1.0	0.4
	여성-한족	(107)	90.7	48.6	16.8	5.6	4.7	0.9	0.9
	여성-베트남	(179)	77.7	46.4	40.2	3.9	1.1	0.0	3.4
	여성-일본	(102)	96.1	87.3	19.6	4.9	0.0	0.0	1.0
	여성-필리핀	(93)	90.3	58.1	28.0	7.5	0.0	1.1	2.2
	여성-기타	(65)	90.8	73.8	30.8	1.5	3.1	0.0	0.0
	남성-조선족	(71)	91.5	49.3	2.8	4.2	5.6	1.4	0.0
	남성-한족	(15)	100.0	40.0	20.0	20.0	0.0	0.0	0.0
	남성-기타	(24)	95.8	50.0	12.5	0.0	0.0	0.0	0.0

현재 2008년 한국보건사회연구원 정책보고서에 따르면 45.5%가 시댁 식구와 같이 살고 있었고, 50.1%가 핵가족으로 부부 또는 자녀와 사는 것으로 나타났으며, 특히 농촌 거주 베트남 여성의 64.0%가 시댁식구와 함께 지내는 것으로 파악되어 시댁식구의 부양부담이 높을 수 있는 것으로 파악되었다.

우리나라 2006년도 전국 출산력 조사결과와 비교해 보면 국제결혼 이 주여성의 가족구성은 2인 이상의 혈연가구로 구성된 핵가족이고, 확대가 족, 기타 친족의 친족가구로 구성으로 분류하였을 때, 우리나라 기혼여성 가구 중 핵가족의 비율은 87.7%, 확대가족은 7.4%, 기타 친족가구는 4.9%로 구성되어 핵가족이 대부분을 이루는 것으로 나타난 데 비하여 국 제결혼 이주여성의 가족은 확대가족이 50.1%나 되는 특징이 있었다.

6. 다문화 가정의 자녀 구성

▌외국인과의 혼인 증가와 국제결혼가정에서 태어난 자녀 증가

국내거주 여성결혼이민자는 2005년 말 현재 66,659명이며, 재중동포와 중국, 베트남, 일본 출신이 다수 거주하고 있으며 국제결혼을 통한 귀화 외국인과 국제결혼가정에서 태어난 자녀수는 각각 6만 5000명과 2만 5000명에 이른 것으로 조사되었다. 국제결혼으로 태어난 2세는 2010년이 면 10만여 명, 2020년에는 167만여 명에 달할 것으로 보인다.

한편, 2008년 통계청 조사에 따르면 초·중·고교생 가운데 국제결혼

가정의 자녀는 1만 8778명으로 전년(1만 3445명) 보다 39.7% 늘었다. 초등학생이 1년 사이 1만 1444명에서 1만 5804명으로 38.1% 증가하였다. 중학생은 1,588명에서 2,213명으로, 고등학생은 413명에서 716명으로 늘었다.

▌다문화가족 자녀의 특징

근래에 사용되기 시작한 다문화가족, 다문화 가정 자녀에 대한 개념은 아직 일상화되지는 않았다. 비교적 다양한 인구집단으로 구성된 이민국가의 경험과 다르게, 한국사회에서 주류집단이 아닌 문화적, 민족적, 인종적 배경이 다른 사람들을 지칭하는 개념은 그리 익숙하지 않다. 단일민족으로 생각하고 살아왔던 한민족은 타민족이나 인종에 대한 경험이 비교적 적어 민족적·인종적 주류집단이 아닌 사람들을 부르는 용어들에 있어서도 서툴러서 한국인이 아닌 사람과의 결혼으로 출생한 사람들을 지칭하는 용어로 일반적으로 '혼혈'이라는 용어가 사용되고 있다. 하지만 한국적 상황에서는 혼혈이 '순혈'에 반대되는 의미로 부정적 함축을 띄고 있어 사용에 문제가 있다.

현재 여성결혼이민자 자녀 중 6세 이하가 59.8%, 12세 이하가 32.5%로 전체의 92.3%를 차지하고 있으며, 2000년 이후 급증한 국제결혼가정에서 태어난 자녀들이 이제 학령기에 접어들고 있다는 점을 감안할 때 향후 이 수치는 매년 높아질 것으로 예상된다.

이러한 수치는 우리가 알고 있던 '단일민족'의 순혈주의 담론에서 새롭게 다가오는 다인종·다문화 사회에 대한 담론으로 발전시켜야 할 필요성이 있음을 보여주는 객관적인 증거이기도 하다.

7. 다문화 가정의 건강 문제

국제결혼에 의해 한국에 온 이민 여성의 수가 최근 급격히 증가하고 있으며, 향후 이들은 한국 사회의 중요한 구성원이 될 뿐 아니라 한국가정 건강의 기본 틀이 되는 가족의 식생활 등을 책임지는 주부이며 미래의 사회 구성원인 아이의 건강에 일차적인 역할을 수행하게 된다. 따라서 이들 이민자 가족의 건강과 질환 발생의 양상을 추적 조사하여 보건정책과 건강지표개발 등을 수립하여 이들이 건강하고 높은 삶의 질을 향유하게 하여야 한다.

하지만 국제결혼 이주 여성의 배우자는 대부분 경제적으로 소득수준이 낮은 계층에 속하며, 이주여성의 배우자는 육체 노동직과 자영업이 가장 많다. 이와 같은 사회경제적 특성으로 인해 결혼 이주여성들은 경제적 어려움 외에도 의사소통의 어려움, 문화적 차이로 인한 고충, 차별대우, 의료보장 미수혜 등으로 고통 받는 사람이 적지 않아 결혼이민자 가족은 국가가 제공하는 복지서비스의 주요 수혜 대상 집단으로 등장하고 있다. 특히 국적법상 결혼 후 국적 취득까지 통상 2년이 소요되므로 이주 여성들의 경우 국적 취득이 완료되지 않은 상태에서 임신과 자녀 출산이 이루어지는 경우가 많다.[22]

이렇게 사회의 한 부분을 차지하게 된 혼인이주여성들이지만, 이들 가정의 의료 보건 수준은 아직도 취약하다는 지적이다. 실제로 전체 혼인이주여성의 23.6%가 실질적인 의료보장 체계(건강보험, 의료급여)안에 들어가 있지 못하며, 자신이 의료보험에 가입되어 있는지 조차를 모르는 경우도 많다.

국제결혼을 통하여 한국에 이주하는 여성들은 10대 후반, 20대 초반의 어린 신부들로 첫 임신인 경우가 많아 임신과 출산을 스스로 돌볼 수 있는 능력도 부족하고, 언어와 정보가 적어 기본적인 상식을 갖기도 힘들다. 출산 이후 산후조리를 제대로 못하는 경우가 많아서 만성질환에 걸리는 경우가 많다. 육아문제 또한 어려운 문제로 아이 젖먹이는 방법이나 육아법을 잘 모르기 때문에 아기가 영양실조에 걸리는 경우도 있고 병을 키우기도 한다.

한국 이주 노동자 건강협회에 의하면 임신과 출산 외에도 여성이주 노동자들의 여성 질환에 대한 의료비 지원 건도 매년 늘어가고 있는 추세라고 한다. 지난 6년간의 의료지원 활동을 통해서 주목하게 된 것은 발병 후 사후 지원뿐 아니라 질병 예방과 조기발견, 조기치료가 중요하다는 점이다.

이를 2008년 3년간 이화여자대학교가 보건복지가족부 질병관리본부 용역사업으로 진행한 동아시아 이민자 코호트 사업의 연구결과를 통해 보

---

22) 2008, 김혜련 외 "국제결혼 이주여성의 생식건강 실태와 정책과제" - 한국보건사회연구원 정책보고서

면 다문화 가정의 남편이나 부인모두 건강상태는 보통인 편으로 느끼고 있었다. (표 18), 다문화 가정은 90% 이상이 직장이나 지역가입 건강보험을 가지고 있었으며 의료 보호대상자도 4.2%이며 4.2%의 가정은 의료보험이 없었다. (표 19) 월간 지출하는 의료비는 거의 없거나 5만원미만인 경우가 65%로 가장 많았으며 20만원 이상의 의료비를 지출하는 가계는 3.3%로 소수였다. (표 20)

표18 다문화 가정의 건강상태

	베트남 가구				캄보디아 가구				전 체			
	남성		여성		남성		여성		남성		여성	
	N	(%)	N	(%)	N	(%)	N	(%)	N	(%)	N	(%)
매우 건강함	45	(13.0)	83	(15.5)	5	(10.2)	7	(10.6)	53	(12.6)	100	(15.3)
건강함	45	(13.0)	113	(21.1)	8	(16.3)	16	(24.2)	57	(13.5)	137	(21.0)
보통	201	(57.9)	270	(50.5)	27	(55.1)	35	(53.0)	246	(58.3)	337	(51.7)
건강하지 못함	42	(12.1)	57	(10.7)	8	(16.3)	8	(12.1)	50	(11.9)	66	(10.1)
매우 건강 하지 못함	14	(4.0)	12	(2.24)	1	(2.0)	-	-	16	(3.8)	12	(1.8)

표19 다문화 가정의 특성- 건강보험관련 특성

	조사대상자	
	N	(%)
건강보험 형태		
직장가입 건강보험	247	(40.3)
지역가입 건강보험	314	(51.2)
의료급여 1,2종	26	(4.2)
없음	26	(4.2)
건강보험 가입되지 않은 이유		
외국인 가입은 안되는 것으로 앎	6	(37.5)
가입 필요성 못느낌	4	(25.0)
보험료가 비쌈	4	(25.0)
기타	2	(12.5)

표20 다문화 가정의 의료비 부담

의료비 평균지출 (1개월)	베트남 가구				캄보디아 가구				전체			
	남성		여성		남성		여성		남성		여성	
	N	(%)	N	(%)	N	(%)	N	(%)	N	(%)	N	(%)
거의 없음	80	(23.3)	133	(26.2)	10	(21.3)	18	(28.6)	93	(22.4)	163	(26.5)
5만원 미만	138	(40.2)	197	(38.9)	20	(42.6)	28	(44.4)	169	(40.6)	242	(39.3)
5만원 이상 10만원 미만	81	(23.6)	105	(20.7)	9	(19.2)	9	(14.3)	96	(23.1)	122	(19.8)
10만원 이상- 20만원 미만	37	(10.8)	59	(11.6)	7	(14.9)	6	(9.5)	48	(11.5)	69	(11.2)
20만원 이상	7	(2.0)	13	(2.6)	1	(2.1)	2	(3.2)	10	(2.4)	20	(3.3)

제3장

다문화 가정의
생식 건강 실태

현재 한국사회에서는 인구현상에 대한 많은 관심과 우려가 있으며 많은 인구현상 중에서도 논의가 활발한 주제들로는 저출산·고령화 현상과 국제결혼 증가를 들 수 있다. 사실 저출산·고령화 대응과 관련하여 출산율 회복 정책을 논의하는 가운데에 이민정책에 대해서도 기초적인 수준에서나마 논의되곤 한다.

우리나라 출산율이 1983년 인구대체수준(합계출산율 2.1명)에 도달한 이래 저출산 현상이 지속되어 왔으며, 특히 IMF 경제위기 이후 출산율이 급락하여 2000년대에 들어서는 1.1 수준의 세계적인 초저출산현상이 지속되고 있다. 이에 따라 정부와 국책연구기관 및 학계는 그 원인을 집중적으로 규명하고, 그 대안을 물색하는데 노력을 집중하였다.

한편, 1990년대 이래 한국사회에서 국제결혼이 급격하게 증가하고 있다. 한국인남성이 외국의 신부를 맞이하는 특이한 형태의 국제결혼은 일반적으로 이민 전이나 후에 이민자 동족끼리 결혼하는 형태와는 다른 한국적 다문화 시대의 도래를 의미한다. 이와 같이, 국제결혼은 한국사회에서 초미의 관심사인 저출산·고령화현상과 연계하여 그리고 다문화국가로 이행해가고 있는 과정에서 매우 중요한 영역임에 틀림없다. 그럼에도 불구하고 국제결혼에 관한 대부분 기존 연구들은 국제결혼 이주여성의 인권과 복지 차원에만 집중되어 있으며, 거시적인 차원에서 한국사회의 현재와 미래의 모습과 연계하여 국제결혼의 본질과 위상에 대해 논의하여야 한다.

국제결혼의 규모와 구조 및 그 지속성에 따라 향후 저출산·고령화에 미치는 영향이 지대해질 수 있다. 왜냐하면, 국제결혼 이주여성의 대규모 국내 유입은 그 자체적으로 인구 규모와 구조에 영향을 미칠 것이며, 더 나아가 이들 여성의 출산력 수준 역시 총인구의 출산력 수준에 변동을 가져와 결국은 인구 규모와 구조에 영향을 미칠 것이기 때문이다. 또한, 국제결혼 이주여성과 그 자녀들에 대한 보건복지 수준, 특히 국제결혼가정의 자녀들에 대한 교육과 양육의 질적 수준은 전체인구의 자질 그리고 더나아가서 미래 노동력의 질적 차원에서도 중요한 의미를 갖는다. 미국의 경우 이민자의 고출산력에 의해 인구대치수준의 출산율을 유지하고 있으며, 프랑스 등 유럽국가들에서도 이민자의 상대적으로 높은 출산력이 전체 출산율 수준을 상승시키는데 기여를 하고 있다.

1. 다문화 가정의 임신과 출산

▌다문화 가정의 임신 실태 및 자녀수

한국인 남성과 결혼한 국제결혼여성의 규모나 인구학적 특성(연령 등)은 그 영향력의 크기와 상관없이 우리나라 인구의 규모와 구조에 직접적인 영향을 미친다. 그러나 국제결혼여성의 인구학적 영향은 여기에서 멈추지 않는다. 이들 국제결혼여성은 출산을 통해 수 세대(generation)를 거쳐 우리나라 인구의 양적 및 질적 수준에 영향을 미치게 된다.

일반적으로 국제 이동자의 출산행태는 목적지국가(destination country)나 출발지국가(origin country)의 인구와 다르다. 국제 이동자는 이동전후 일정기간 부부가 서로 떨어져 사는 경우가 많거나, 이동지역에서 적응이 쉽지 않거나 정보가 부족하여 출산을 연기함으로써 출산율이 낮을 수 있다(UN, 1956). 다른 한편으로 국제이동자는 대부분 미혼이나 자녀가 없는 부부인 경우가 많아 출산 수준이 높은 경향도 있다.

비교적 이민이 활발한 몇몇 국가들을 예로 들어 살펴보면 다음과 같다. (표 21)

표 21 　일부 국가의 인종·국가별 출산율 차이

(단위: 명)

구분	합계출산율(TFR)		순이동율(%)
	전체	인종별	
미국	2.1('07년) 2.0('03년)	· 백인 1.7, 히스패닉 3.0, 흑인 2.4(2003년) · 멕시코인 3.51, 중국인 2.26, 한국인 1.57 * 미국이민 10개국 여성의 출산율 평균 2.86) 출신국 출산율 평균(2.32명)	3.10('07)
영국	1.74('06년)	· 영국인 1.67, 인도인 2.21, 파키스탄·방글라 데시 4.90(1996년)	2.18('05)
스위스	1.44('07년)	· 스위스인 1.34, 옛 유고슬라비아인 2.41, 터키 인 1.91(1997년)	3.58('05)
독일	1.37('06년)	· 독일인 1.39, 터키인 2.40(1996년)	2.18('05)
이탈리아	1.33('06년)	· 이탈리안 1.26, 모로코인 2.14, 알바니아인 2.60, 튀니지인 3.30, 이집트인(1999년)	2.07('05)

자료: http://mogrationinformation.org/Resources
http://en.wikipedia.org/wiki/Main_Page
http://paa2007.princeton.edu/download.aspx?submissionId=70869

　이와 같이 미국, 영국, 독일, 이탈리아 등 비교적 이민이 활발한 국가들
에서 공통적으로 이민자의 출산율이 비이민자에 비해 상대적으로 높게 나
타남을 알 수 있다.[1]

　2006년 김승권 등의 "전국출산력 및 가족보건·복지실태 조사"에 의하
면 우리나라 여성 부인들의 임신횟수에 관한 분포는 큰 변화를 보였다.
최근 조사에서 나타난 특징 중의 하나는 1997년까지는 조사대상 부인의

---

1) 이삼식 외, "국제결혼 이주여성의 결혼·출산 행태와 정책방향" – 한국보건사회
연구원, 2007

임신경험은 4회 이상인 경우가 가장 높은 비율을 보였으나 2000년 조사부터는 2회의 임신경험을 가진 부인의 비율이 가장 높았다는 사실이다. 임신횟수 분포는 부인의 연령에 따라서 약 3배 정도의 현저한 차이를 보였다. 이러한 결과로 인하여 평균 임신횟수는 15~24세 연령층 부인은 1.14회로 낮았으나 35~39세 연령층 부인은 2.73회, 40~44세 연령층 부인은 3.02회로 높았다. 이와 같이 연령이 상승함에 따라 임신횟수가 많음은 결혼기간과 관련되는 것으로 당연한 결과로 받아들여진다.

부인의 교육수준이 낮으면 임신횟수가 많았고, 교육수준이 높으면 임신횟수가 적은 것으로 나타났다. 즉, 4회 이상의 임신경험을 가진 부인이 초교 이하의 학력 층에서는 28.8%로 높았으나 대학 이상의 학력층에서는 13.1%로 약 절반에 불과하였다. 반면에 1회 미만의 임신경험을 가진 부인은 초교 이하의 학력 층에서는 13.6%에 불과하였으나 대학 이상의 학력 층에서는 30.7%로 두 배 이상 차이가 있었다. 따라서 교육수준별 평균 임신횟수는 초교 이하 부인은 3.04회로 많았으나 교육수준이 높아질수록 적어져 대학 이상의 부인은 2.15회이었다. 이와 같은 결과는 학력수준이 높을수록 소자녀관이 정착되어 있을 뿐만 아니라 불원임신을 적절히 예방할 가능성이 높기 때문으로 이해되며, 아울러 교육수준이 높을수록 젊은 부인들이 많아 늦은 결혼과 이에 의한 임신가능 기간이 절대적으로 짧은데서 오는 결과이기도 하다. (표 22)

표 22 15~44세 유배우부인의 특성별 총 임신횟수 분포(2006년)

(단위:%, 회)

특성	총임신횟수							평균 임신횟수
	0회	1회	2회	3회	4회	5회 이상	계(수)	
전체	5.8	15.9	33.5	25.9	12.5	6.5	100.0(5,396)	2.46
지역								
동부	5.9	16.2	34.0	25.6	12.0	6.2	100.0(4,608)	2.43
읍·면부	4.9	14.5	30.2	27.5	14.8	8.0	100.0(788)	2.60
연령								
15~24세	28.6	40.5	23.0	5.6	1.6	0.8	100.0(126)	1.14
25~29세	19.8	41.2	25.8	9.7	2.7	0.8	100.0(636)	1.37
30~34세	7.0	20.4	39.6	21.5	8.7	2.9	100.0(1,431)	2.14
35~39세	1.7	9.9	34.8	31.8	14.6	7.2	100.0(1,663)	2.73
40~44세	1.4	5.9	30.4	31.9	18.5	11.8	100.0(1,537)	3.02
교육수준								
초교이하	4.5	9.1	28.8	28.8	10.6	18.2	100.0(66)	3.04
중학교	2.6	7.5	38.7	31.7	17.7	11.7	100.0(265)	2.96
고등학교	4.4	11.7	33.2	28.6	14.7	7.4	100.0(2,862)	2.63
대학 이상	8.0	22.7	34.6	21.7	9.0	4.1	100.0(2,198)	2.15
취업여부								
취업	7.5	13.8	30.7	27.0	13.5	7.5	100.0(2,665)	2.48
비취업	4.1	18.1	36.2	24.8	11.4	5.4	100.0(3,729)	2.38

한편, 현재 통계청에서 매년 작성하고 있는 출생통계로는 한국사회에서 거주하고 있는 국제결혼 이주여성의 출산력을 파악할 수 없다. 그 이유로는 출생통계를 작성하는데 기반이 되는 출생신고서 상에서 부모의 국적을

신고하도록 하는 항목이 없기 때문이다. 따라서 기존에 수행된 표본조사나 연구의 결과들을 검토할 필요가 있다. 최근에 실시된 조사로는 2005년에 보건복지부에서 실시한 연구와 2006년에 여성가족부를 통해 실시된 연구를 통해 이루어졌다.

가장 최근에 실시된 2006년 여성가족부의 조사 결과를 통해서는 조사 시점까지 국제결혼 이주여성의 자녀수만을 파악할 수 있으며, 일반적으로 사용되고 있는 합계 출산율을 산정하기에는 한계가 있다. 이 조사에서 2005년 보건복지부 조사 결과[2])에 의하면 국제결혼 이주여성 945명을 대상으로 시행한 조사에서 자녀수는 무자녀 50.5%, 1자녀 27.1%, 2자녀 16.0%, 3자녀 이상 6.4% 등으로 나타난다. 조사 당시 국제결혼 이주여성의 자녀수(한국인남성과의 자녀수 기준)는 무자녀가 51.6%, 1자녀 27.2%, 2자녀 16.3%, 3자녀 이상 4.9% 등으로 나타난다. 이들의 평균자녀수는 0.8명에 불과하다. (표 23)

---

2) 2005년 설동훈 외

표 23 국제결혼 이주여성이 한국인배우자와 사이에서 출산한 자녀 수

구분	계	자녀수						평균자녀 수
		0명	1명	2명	3명	4명	5명	
전체	100.0(1,063)	51.6	27.2	16.3	4.0	0.9	0.0	0.8
지역별								
도시	100.0(822)	55.0	25.3	15.7	3.4	0.6	0.0	0.7
농촌	100.0(241)	40.2	33.6	18.3	5.8	2.1	0.0	1.0
국적별								
조선족	100.0(496)	60.1	22.4	16.1	1.2	0.2	0.0	0.6
한족	100.0(110)	59.1	21.8	15.5	3.6	0.0	0.0	0.6
베트남	100.0(184)	44.6	47.8	7.1	0.5	0.0	0.0	0.6
일본	100.0(104)	78.8	17.3	28.8	24.0	8.7	0.0	1.8
필리핀	100.0(100)	55.0	25.0	17.0	3.0	0.0	0.0	0.7
기타	100.0(69)	39.1	33.3	23.2	4.3	0.0	0.0	0.9

자료: 설동훈 외, 2006

  2006년 이삼식 등의 "국제결혼 이주여성의 결혼, 출산 행태와 정책방향"의 보고에 의하면 대부분 1~2명의 자녀를 두고 있다. (표 24) 대체적으로 남편은 추가자녀를 두고 싶지 않은 반면, 외국인처는 여건만 허락하면 추가 자녀를 낳고자 하는 경향을 보인다. 즉 남편의 희망자녀수를 감안하면, 외국인처의 완결출산력[3])은 1~2명 수준으로 나타날 것이며, 반면 외국인처의 희망자녀수를 감안하면 자신의 완결출산력은 2~3명으로 상대적으로 더 많을 것이다. 물론 가구경제의 상황이나 남편의 재혼(전처와의 자녀수) 등이 추가 출산에 장애가 되고 있다.

---

  3) 완결출산력(completed fertility)은 현재 자녀수뿐만 아니라 향후 희망하는 자녀 수까지 질문하여 측정하고, 이는 합계출산율에 가까운 개념이기도 하다.

표 24 국제결혼 이주여성의 출신국가별 합계출산율

(단위: 여성 1명이 가임기동안 낳은 자녀수)

년도	일본	중국	미국	필리핀	베트남	태국	러시아	몽고	우즈베키스탄
1970~1975	2.07	4.86	2.02	6.00	6.70	4.97	2.03	7.33	6.30
1975~1980	1.81	3.32	1.79	5.50	5.89	3.96	1.94	6.65	5.58
1980~1985	1.76	2.55	1.83	4.95	4.50	3.05	2.03	5.74	4.73
1985~1990	1.66	2.46	1.92	4.55	4.02	2.41	2.13	4.83	4.40
1990~1995	1.49	1.92	2.03	4.14	3.30	2.10	1.55	3.37	3.88
1995~2000	1.39	1.78	1.99	3.64	2.50	1.95	1.24	2.70	3.01
2000~2005	1.33	1.70	2.04	3.22	2.32	1.93	1.33	4.45	2.74

자료: United Nation(2004).

그러나 한국인남편은 한국의 출산율에 맞추어가고 있는 양상을 보이는 반면, 외국인처는 출신국가의 상대적으로 높은 출산율을 추구하거나 적어도 한국의 출산율보다 높은 출산을 선호하고 있다고 할 수 있다.

2008년 김혜련 등의 "국제결혼 이주여성의 생식건강실태와 정책과제"에서 보고한 바에 의하면 국제결혼 이주여성의 총 임신횟수는 전체 조사대상자에서 평균 2.4회로 1회가 52.6%로 가장 많았고, 그 다음이 2회 25.9%, 0회 11.6%, 3회 7.1%, 4회 이상 2.7%로 나타났다.

국제결혼 이주여성 현존 자녀수는 1명인 경우가 70.9%, 2명 23.6%, 3명 4.2%, 0명 0.9%, 4명 이상 0.4% 순으로 나타났고 평균 1.3명으로 나타났다.

2006년 전국 출산력 조사 결과 15~44세 유배우부인의 평균 현존 자녀수는 1.7명으로 2명의 출생아를 가진 부인이 56.8%로 가장 많았으며, 그

다음은 1명 22.2%, 3명 10.2%, 0명 10.0%, 4명 이상 0.8%로 나타났다.

이화의대가 실시한 연구결과[4]에 따르면 2007년도 전체조사 대상자 여성 678명 중 66.36%는 임신의 경험이 있었고, 이 중 9.84%는 인공유산, 17.56%는 자연유산의 경험이 있었다. 2008년도에는 전체조사 대상자 여성 759명 중 75.3%는 임신의 경험이 있었고, 이 중 8.4%는 인공유산, 13.6%는 자연유산의 경험이 있었다. (표 25-1, 25-2)

표 25-1 2007년도 조사 대상자 임신관련 특성

	여 성					
	베트남		캄보디아		전체	
	변수	(%)	변수	(%)	변수	(%)
임신경험 여부						
아니오	182	(30.38)	40	(65.57)	222	(33.64)
예	417	(69.62)	21	(34.43)	438	(66.36)
첫 임신시 연령(세)	21.74		20.80		21.70	
첫 출산 연령(세)	22.24		21.00		22.19	
모유수유 여부						
아니오	165	(38.73)	12	(57.14)	177	(39.60)
예	261	(61.27)	9	(42.86)	270	(60.40)
총 임신 횟수						
1회	277	(80.29)	11	(84.62)	288	(80.45)
2회	58	(16.81)	2	(15.38)	60	(16.76)
3회 이상	10	(2.90)	-	-	10	(2.79)
총 유산 횟수						
0회	153	(69.23)	8	(88.89)	161	(70.00)
1회	59	(26.70)	1	(11.11)	60	(26.09)
2회 이상	9	(4.07)	-	-	9	(3.91)
자연 유산 경험 여부						
아니오	205	(81.67)	11	(100.00)	216	(82.44)
예	46	(18.33)	-	-	46	(17.56)
인공 유산 경험 여부						
아니오	219	(90.12)	10	(90.91)	229	(90.16)
예	24	(9.88)	1	(9.09)	25	(9.84)

4) 정혜원 외 "국내 이주자 코호트" 결과보고서 - 이화여자대학교, 질병관리본부

표 25-2 2008년도 조사 대상자 임신관련 특성

| | 여성 | | | | | | | |
| | 베트남 | | 캄보디아 | | 몽골 | | 전체 | |
	빈수	(%)	빈수	(%)	빈수	(%)	빈수	(%)
임신경험 여부								
아니오	132	(24.4)	22	(34.4)	8	(15.7)	162	(24.7)
예	408	(75.6)	42	(65.6)	43	(84.3)	493	(75.3)
첫 임신시 연령(세)	406	21.8±3.5	42	21.5±2.3	43	24.2±3.9	491	22.0±3.5
첫 출산 연령(세)	334	22.3±3.4	25	21.6±2.3	38	24.9±4.1	397	22.5±3.5
총 임신 횟수								
1회	258	(70.1)	22	(64.7)	18	(47.47)	298	(67.7)
2회	87	(23.6)	10	(29.4)	10	(26.3)	107	(24.3)
3회 이상	23	(6.3)	2	(5.9)	10	(26.3)	35	(8.0)
총 유산 횟수								
0회	440	(85.6)	49	(84.5)	31	(68.9)	520	(84.3)
1회	66	(12.8)	8	(13.8)	10	(22.2)	84	(13.6)
2회 이상	8	(1.6)	1	(1.7)	4	(8.9)	13	(2.1)
자연 유산 경험 여부								
아니오	324	(87.6)	28	(82.4)	29	(78.4)	381	(86.4)
예	46	(12.4)	6	(17.7)	8	(21.6)	60	(13.6)
인공 유산 경험 여부								
아니오	343	(93.2)	31	(91.2)	28	(75.7)	402	(91.6)
예	25	(6.8)	3	(8.8)	9	(24.3)	37	(8.4)

▌ 분만형태

2005년 말 현재 우리나라의 제왕절개율은 37.7%로 OECD 국가 중 높은 편에 속하는 미국의 27.6%보다도 높고, 가장 낮은 스웨덴의 15.4%에 비하여는 약 2배가 넘는 수치이다. (KBS, 2006). 또한 2005년 상반기 통계에 의하면 우리나라 산모의 10명 중 4명꼴로 제왕절개에 의한 분만을 하고 있는 것으로 나타나 우려된다. (건강보험심사평가원, 2005)

한편, 국제결혼 이주여성의 최종 출산아 분만방법은 자연분만이 75.5%, 수술(제왕절개)이 24.5% 이었는데 도시나 농촌에 거주하는 베트남 여성이 다른 출신국가 여성에 비해 자연분만의 비율이 더 높게 나타났다.

▌ 출생시 임신 주수 및 조산 여부

출생아의 임신 주수(週數)는 정상아를 분만하느냐, 그렇지 않느냐에 영향을 주는 요인이다. 산모의 신체상 질병이나, 그밖에 스트레스, 피로, 영양결핍 등이 원인이 되어 아기를 정상분만하지 못하고 조기에 출산을 하게 된다. 조산아의 경우에는 체중미달, 완전하지 못한 발육 등으로 인하여 여러 가지 문제를 안고 출생하게 된다. 따라서 산전진찰은 조산을 방지하고, 건강한 아기를 출생할 수 있는 요인으로 그 중요성이 강조된다.

15~44세 유배우부인의 최종 출생아의 출생시 임신 주수는 정상분만으로 보는 37주 이상이 95.2%이었고, 32주 이하가 0.8%, 33~36주 이하가 4.0% 이었다. 따라서 전체 출생아 중 4.8%는 조기 출생하는 것으로 나타났다. 이를 남아와 여아로 구분하여 살펴보면 정상출생은 남아가 95.5%

로 여아의 95.2%보다 약간 높았고, 조기출생은 여아가 5.2%로 남아의 4.5%보다 높았다.[5] (표 26)

표 26 15~44세 유배우부인의 최종출생아 출생 시 임신 주수

(단위: %, 명, 주수)

구분	남아	여아	전체
~32주	0.8	0.9	0.8
33~36주	3.7	4.3	4.0
37주~	95.5	94.8	95.2
계(수)	100.0(509)	100.0(443)	100.0(952)
출생시 평균 주수	39.21	39.17	39.19

신생아 체중

신생아의 체중은 태내에서 건강하게 성장하였는지 여부를 반영하는 것으로, 2,500g 미만을 저체중아라고 한다. 저체중아는 엄마가 임신 전에 너무 야위거나 임신 중 체중 증가가 7Kg 미만일 때 태어날 가능성이 높으며, 저체중아로 태어난 아기는 순환기 질환과 당뇨병, 고혈압 등 각종 성인병에 걸릴 우려가 있다.

2004년 1월 이후부터 2006년 8월까지 15~49세 유배우부인에게서 태어난 최종 출생아의 출생 시 평균체중은 3,253.4g이었는데, 남아의 평균체중이 3,315.0g으로 여아의 평균체중 3,182.6g에 비해 다소 높았다. 최종출생아의 출생시 체중이 1,000~1,500g 미만의 극저체중아 비율은 0.1%

---

5) 2006, 김승권 외 "전국 출산력 및 가족보건·복지실태조사" - 한국보건사회연구원

이었는데, 여아가 0.2%로 남아의 0.0%에 비해 높았다. 1,500~2,000g 미만인 비율은 전체 출생아의 0.8%였는데, 남아가 0.8%로 여아인 경우 0.9% 비해 다소 낮았다. 출생시 체중이 2,500g 미만인 경우를 저체중, 2,500~4,000g 미만을 정상체중, 그리고 4,000g 이상인 경우를 과체중으로 분류할 경우, 최종출생아의 정상체중 비율은 91.3%이었으며, 여아가 92.8%로 남아의 90.0%보다 높았다. 또한 최종출생아 중 저체중인 비율은 3.2%이었으며, 남아는 3.2%, 여아는 3.4%로 성별차이가 다소 있었다. 출생시 4,000g 이상인 과체중의 비율은 5.5%이었고, 남아는 6.9%로 여아의 3.8%보다 현저히 높았다. 15~44세 유배우 부인의 최종 출생아의 체중은 저체중아가 전체의 3.2%이었고, 정상체중아는 91.3%, 과체중아는 5.5%인 것으로 나타났다. 이는 2003년 조사결과에 비하여 저체중아는 감소하였고, 정상체중아와 과체중아는 증가하였음을 보여주었다.[6] 이러한 결과는 산모의 영양상태가 좋아지고, 태아에 대한 관심이 높아진 것에 기인한 것이라 할 수 있다.

한편, 국제결혼 이주여성의 최종 출생아의 체중상태를 보면 전체 대상자에서 저체중아 5.1%, 정상체중이 91.9%, 과체중 3.0%로 나타났다. 이는 2006년 전국 출산력 조사결과에서 우리나라 15~49세 유배우 부인에서 저체중아 3.2%, 정상체중이 91.3%, 과체중 5.5%와 비교할 때, 본 조사대상인 국제결혼 이주여성은 저체중아 출생률이 높은 것으로 나타나고 있다.[7]

---

6) 2003년 조사결과에 의하면, 저체중아 4.1%, 정상체중아 90.6%, 과체중아 5.3% 이었음.
7) 2008, 김혜련 외 "국제결혼 이주여성의 생식건강 실태와 정책과제"－한국보건사회 연구원

▓ 수유양상

모유가 아기의 건강이나 엄마의 건강을 위해서 좋다는 것은 이미 알려져 있다. 즉, 모유로 키운 아기는 면역성이 형성되어 병에 잘 걸리지 않고, 모유를 먹인 엄마는 난소암과 유방암 발병률이 낮다고 보고되고 있다. 따라서 최근 모유수유에 대한 인식이 높아지면서 모유수유율이 증가하고 있으나, 여전히 선진국에 비하여 낮은 편이다.

본 조사에서는 2004년 1월 이후부터 2006년 8월까지 출생한 최종출생아 953명을 대상으로 15개월 미만까지의 수유실태를 파악하여 인공유와 혼합하여 수유한 경우는 포함시키지 않고, 완전 모유수유와 '모유+이유식'을 하는 경우를 모유수유를 하는 것으로 보고 실태를 파악한 결과, 모유수유율은 지난 2003년보다 7.7%포인트 증가한 24.2%로 나타났다.

이화의대 연구결과를 토대로 구체적으로 살펴보면 2007년 초유수유를 하였는지 여부에서 응답자 183명 중 대다수인 93.44%인 171명이 초유수유를 하였다고 응답하였다. 수유방법에 대해서는 "모유수유"가 149명(현재수유중인 아동 포함)으로 가장 많았으며, "조제분유수유"가 67명, "우유로 만든 조제분유수유"가 60명, 혼합수유가 43명의 순으로 나타났다. (표 27-1)

2008년 조사에서는 초유수유를 하였는지 여부에 응답자 233명 중 대다수인 87.6%인 204명이 초유수유를 하였다고 응답하였다. 수유방법에 대해서는 '모유수유'가 210명(현재 수유중인 아동 포함)으로 가장 많았으며, '조제분유수유'가 103명, '우유로 만든 조제분유수유'가 94명, '생우유'가 64명, '두유'가 55명, '혼합수유'가 42명의 순으로 나타났다. (표 27-2)

표 27-1 2007 대상 아동의 수유형태

	0~11개월 N	(%)	12~23개월 N	(%)	24~35개월 N	(%)	총계 N	(%)
초유수유								
아니오	11	(7.14)	1	(12.50)	-	-	12	(6.56)
예	143	(92.86)	7	(87.50)	21	(100.00)	171	(93.44)
합계	154	(100.00)	8	(100.00)	21	(100.00)	183	(100.00)
모유수유								
아니오	22	(14.38)	2	(25.00)	9	(42.86)	33	(18.13)
예	72	(47.06)	5	(62.50)	12	(57.14)	89	(48.90)
현재까지수유	59	(38.56)	1	(12.50)	-	-	60	(32.97)
합계	153	(100.00)	8	(100.00)	21	(100.00)	182	(100.00)
혼합수유								
아니오	102	(71.83)	4	(66.67)	13	(92.86)	119	(73.46)
예	40	(28.17)	2	(33.33)	1	(7.14)	43	(26.54)
합계	142	(100.00)	6	(100.00)	14	(100.00)	162	(100.00)
조제분유수유								
아니오	92	(61.33)	1	(14.29)	18	(85.71)	111	(62.36)
예	58	(38.67)	6	(85.71)	3	(14.29)	67	(37.64)
합계	150	(100.00)	7	(100.00)	21	(100.00)	178	(100.00)
우유로 만든 조제분유								
아니오	1	(1.72)	6	(100.00)	-	-	7	(10.45)
예	57	(98.28)	-	-	3	(100.00)	60	(89.55)
합계	58	(100.00)	6	(100.00)	3	(100.00)	67	(100.00)
두유로 만든 조제분유								
아니오	54	(100.00)	4	(80.00)	3	(100.00)	61	(98.39)
예	-	-	1	(20.00)	-	-	1	(1.61)
합계	54	(100.00)	5	(100.00)	3	(100.00)	62	(100.00)

산양분유								
아니오	64	(100.00)	5	(100.00)	3	(100.00)	72	(100.00)
예	-	-	-	-	-	-	-	-
합계	64	(100.00)	5	(100.00)	3	(100.00)	72	(100.00)
생우유								
아니오	136	(95.77)	2	(33.33)	4	(22.22)	142	(85.54)
예	6	(4.23)	4	(66.67)	14	(77.78)	24	(14.46)
합계	142	(100.00)	6	(100.00)	18	(100.00)	166	(100.00)
두유								
아니오	142	98.61	3	60.00	7	(50.00)	152	(93.25)
예	2	1.39	2	40.00	7	(50.00)	11	(6.75)
합계	144	(100.00)	5	(100.00)	14	(100.00)	163	(100.00)

표 27-2 2008 대상 아동의 수유형태

	0-11개월		12-23개월		24-35개월		전체	
	N	(%)	N	(%)	N	(%)	N	(%)
초유수유								
아니오	13	(16.5)	9	(9.7)	7	(11.5)	29	(12.5)
예	66	(83.5)	84	(90.3)	54	(88.5)	204	(87.6)
합계	79		93		61		233	
모유수유								
아니오	12	(15.2)	7	(7.5)	5	(8.2)	24	(10.3)
예	21	(26.6)	65	(69.2)	55	(90.2)	141	(60.3)
현재까지수유	46	(26.6)	22	(23.4)	1	(1.6)	69	(29.5)
합계	79		94		61		234	
혼합수유								
아니오	63	(84.0)	68	(78.2)	35	(76.1)	166	(79.8)
예	12	(16.0)	19	(21.8)	11	(23.9)	42	(20.2)
합계	75		87		46		208	
조제분유수유								
아니오	51	(64.6)	48	(52.8)	23	(41.8)	122	(54.2)
예	28	(35.4)	43	(47.3)	32	(58.2)	103	(45.8)
합계	79		91		55		225	
우유로 만든 조제분유								
아니오	52	(66.7)	50	(56.2)	16	(35.6)	118	(55.7)
예	26	(33.3)	39	(43.8)	29	(64.4)	94	(44.3)
합계	78		89		45		212	
두유로 만든 조제분유								
아니오	74	(98.7)	84	(95.5)	39	(95.1)	197	(96.6)
예	1	(1.3)	4	(4.6)	2	(4.9)	7	(3.4)
합계	75		88		41		204	

산양분유								
아니오	73	(97.3)	87	(98.9)	40	(97.6)	200	(98.0)
예	2	(2.7)	1	(1.1)	1	(2.4)	4	(2.0)
합계	75		88		41		204	
생우유								
아니오	72	(92.3)	62	(68.1)	23	(44.2)	157	(71.0)
예	6	(7.7)	29	(31.9)	29	(55.8)	64	(29.0)
합계	78		91		52		221	
두유								
아니오	76	(97.4)	58	(63.0)	26	(57.8)	160	(74.4)
예	2	(2.6)	34	(37.0)	19	(42.2)	55	(25.6)
합계	78		92		45		215	

2. 다문화 가정의 가족계획

▌ 피임 실태

우리나라에서의 피임은 서구식 생활양식의 영향에 의해 우리의 성문화가 크게 변했음에도 불구하고 여전히 문제로 남아 있다. 이것은 매우 높은 인공유산율에서 나타나는데, 잠정적 집계에 따르면 매년 태어나는 신생아의 2배 이상에서 인공유산이 이루어진다고 추정되고 있다. 출산 연도별로 15~44세 유배우부인의 피임실천상태를 살펴보면, 1976년의 피임실천율은 44.2%로 점차 증가하여 1985년 70.4%, 1991년에는 79.4%에 이르렀으며, 1994년에는 77.4%로 저하되었으나, 1997년에 다시 증가하여 80.5%의 높은 피임실천율을 나타냈다. 2000년에는 1997년에 비하여

1.2%포인트가 감소한 79.3%에서 2003년에는 5.2%포인트가 상승한 84.5%의 높은 피임실천율을 보였으며 다시 2006년에는 4.9%포인트가 감소한 79.6%로 2000년과 비슷한 수준으로 나타났다. 이는 결혼연령의 상승으로 인한 고연령층의 경우, 임신희망으로 피임 불필요, 각종 스트레스, 인스턴트 식생활 및 환경오염 등으로 인한 불임의 증가로 인한 영향으로 이해된다.

이와 같은 피임실천율의 변화는 가족계획사업과 밀접한 관련이 있다. 즉, 1961년 이후 가족계획사업으로 피임보급물량이 지원됨에 따라 피임실천율은 지속적으로 증가하였다. 그러나 1989년 이후 가족계획사업에 대한 예산이 대폭 감액되고, 1996년 6월을 기점으로 인구증가 억제정책이 폐지되는 등 인구정책이 인구자질 및 복지정책으로 전환된 이후에도 피임실천율이 소폭으로 증감을 계속하면서도 비슷한 수준을 유지하는 것은 그동안 피임실천이 안정화되었음을 시사하는 것이다. 즉, 현재의 높은 피임실천 수준은 피임실천이 상당히 보편화되었음을 보여준다. 부인연령에 따른 피임실천 수준을 보면, 연령이 높아질수록 점차 증가하는 경향을 보였으며, 반대로 피임 비실천 부인의 비율은 연령이 높아질수록 감소하였다. 피임 비실천 부인 중 과거 경험부인의 비율은 20대 후반에서 증가하는 것을 제외하고는 연령이 높아질수록 계속 감소하고 있다. 또한 피임 무경험부인의 비율도 연령이 높아질수록 계속 감소하는 경향을 보였다. 이는 30대 초반까지 자녀출산을 종료한 후 30대 후반에는 단산을 위하여 피임을 하는 것으로 해석된다.

교육수준별 피임실천율은 대체로 교육수준이 높아질수록 낮아지는 현상을 보였다. 이는 교육수준에 따른 차이보다는 최근 부인의 교육수준이 높아지기 때문에 나타나는 현상이며, 연령에 의한 영향으로도 볼 수 있다.

  또한 우리나라의 15-44세의 기혼여성 중 22.1%가 한번 이상의 인공유산을 경험하고 있고, 인공유산을 2회 이상 반복 경험한 기혼여성도 17.1%나 되는 것으로 나타났다. 그에 비해 우리나라 여성의 피임 실천율은 1962년 이후 지속적인 가족계획사업의 영향으로, 1976년 44.2%에서 1991년 79.4%, 1994년 77.4%, 1997년 80.5%, 2000년 79.3%로 높은 수준의 피임실천율을 보이는 것으로 나타났다.

  유배우부인의 교육수준별 평균연령을 보면 초교 이하의 학력을 가진 부인의 평균연령은 40.4세, 중학교 학력의 부인은 39.9세, 고등학교는 36.1세, 대학 출신의 부인은 34.5세로 나타나 이와 같은 사실을 뒷받침하고 있다. 일반적으로 자녀수는 부인의 연령과 정비례의 관계로 부인의 연령이 높을수록 현존 자녀수는 많았으며, 현존 자녀수가 많을수록 피임실천율은 상승하는 경향을 보였다. 본 조사결과, 자녀가 1명인 부인의 경우 피임실천율은 61.5%, 2명의 자녀를 가진 부인은 92.2%로 급격히 상승하였고, 3명 이상의 자녀를 가진 부인부터는 비슷한 피임실천수준을 보였다. 이는 소자녀 가치관의 정착 때문으로 두 자녀가 일반화됨에 따라 그 이상의 자녀를 둔 부인의 경우는 대부분이 피임을 실천하는 것으로 해석된다.

  교육수준별 피임실천율의 차이를 파악하기 위하여 연령별로 교육수준에 따른 피임실천상태를 (표 28-1, 28-2)에 제시하였다.

표 28-1 15~44세 유배우부인의 연령 및 교육수준별 피임실태

특성	실천	비실천			계(수)	
		소계	과거경험	무경험		
15~24세						
초교이하8)	-	-	-	-	-	
중학교	33.3	66.7	11.1	55.6	100.0(	9)
고등학교	41.9	58.1	23.0	35.1	100.0(	74)
대학 이상	44.2	55.8	9.3	46.5	100.0(	43)
25~29세						
초교이하	-	-	-	-	-	
중학교	50.0	50.0	16.7	33.3	100.0(	6)
고등학교	56.7	43.3	20.2	23.1	100.0(	268)
대학 이상	47.7	52.3	23.8	28.5	100.0(	361)
30~34세						
초교이하	-	-	-	-	-	
중학교	81.2	18.8	6.3	12.5	100.0(	16)
고등학교	74.3	25.7	12.9	12.8	100.0(	703)
대학 이상	74.2	25.8	14.8	11.0	100.0(	709)
35~39세						
초교이하	100.0	-	-	-	100.0(	10)
중학교	89.4	10.6	4.2	6.4	100.0(	47)
고등학교	88.6	11.4	4.9	6.5	100.0(	943)
대학 이상	87.0	13.0	6.5	6.5	100.0(	659)
40~44세						
초교이하	85.7	14.3	10.2	4.1	100.0(	49)
중학교	88.6	11.4	5.4	6.0	100.0(	184)
고등학교	90.8	9.2	5.2	4.0	100.0(	872)
대학 이상	90.4	9.6	5.1	4.5	100.0(	426)

8) 34세 이하 연령층의 경우, 초교 이하의 분석대상 수는 5명 미만으로 통계적으로 무의미하여 제시하지 않았음.

15~24세 연령층의 경우 중학교 이하 학력의 피임실천율은 실수가 적어 통계적으로 의미가 적으며 대체로 고등학교와 대학 이상 학력의 피임실천율은 거의 비슷한 수준을 보였다. 이는 결혼시기가 빠른 경우 임신·출산 행태가 결혼 후 단기간 내에 일어나며 이와 같은 현상은 교육수준에 따라 차이를 보이지 않는 것으로 이해된다. 또한 20대 후반부터 30대 초반까지의 연령층에서는 각각 고등학교와 중학교 학력을 가진 부인의 피임실천율이 가장 높았으며, 대학 이상의 학력을 가진 부인은 피임실천율이 가장 낮았다. 이는 교육수준이 높은 부인의 경우 교육수준이 낮은 부인보다 결혼연령이 높은 편이어서 상대적으로 임신시기가 늦어지는 데서 오는 영향으로 이해된다.

표28-2 15~44 유배우부인의 특성 및 방법별 피임실천율

특성	실천									비실천	계(수)
	소계	난관수술	정관수술	자궁내장치	먹는피임약	콘돔	살정제	월경주기법	기타방법		
전체	79.6	11.3	19.7	15.0	1.1	19.2	0.2	7.9	5.2	20.4	100.0(5,395)
지역											
동부	79.8	10.7	20.3	14.5	0.9	20.0	0.2	8.0	5.2	20.2	100.0(4,607)
읍·면부	78.2	14.9	16.2	17.6	2.0	14.9	-	7.6	5.0	21.8	100.0(786)
연령											
15~24세	43.3	-	0.8	6.7	3.3	17.5	-	8.3	6.7	56.7	100.0(127)
25~29세	51.3	1.5	3.7	6.3	1.3	25.5	-	6.7	6.3	48.7	100.0(637)
30~34세	74.2	5.7	14.5	12.3	1.0	24.3	-	9.0	7.4	25.8	100.0(1,432)
35~39세	88.0	11.0	26.5	17.6	1.0	17.9	0.1	8.4	5.5	12.0	100.0(1,661)
40~44세	90.3	21.4	25.2	18.8	0.8	14.2	0.4	7.0	2.5	9.7	100.0(1,535)
교육수준											
초교이하	81.8	44.0	9.4	15.7	-	4.8	-	6.3	1.6	18.2	100.0(66)
중학교	85.2	28.8	13.8	22.0	2.4	11.1	0.4	4.3	2.4	14.8	100.0(264)
고등학교	81.6	13.4	20.3	17.4	1.1	15.7	0.2	7.8	5.7	18.4	100.0(2,860)
대학 이상	76.2	5.2	20.1	10.7	1.0	25.6	0.1	8.5	5.0	23.8	100.0(2,198)
현존자녀수											
0명	35.4	1.3	0.7	3.5	2.4	18.2	-	5.4	3.9	64.6	100.0(540)
1명	61.5	2.8	6.3	9.5	1.3	25.2	0.1	8.8	7.2	38.5	100.0(1,195)
2명	92.2	15.0	25.8	18.3	0.8	19.2	0.2	8.1	4.8	7.8	100.0(3,060)
3명	91.5	17.1	31.9	18.7	1.2	10.4	-	7.2	5.0	8.5	100.0(553)
4명 이상	90.9	23.9	19.2	21.5	-	9.5	-	12.0	4.8	9.1	100.0(44)

부인연령 및 피임방법별로 피임실천율을 보면, 난관 및 정관수술 등의 영구적 피임방법에 의한 실천율은 부인연령이 높을수록 상승하였다. 반영구적 피임방법인 자궁내장치는 40~44세 연령층에서 피임실천율이 가장 높았으며, 먹는 피임약, 콘돔, 기타방법 등의 일시적 피임방법에 의한 실천율은 젊은 연령층 부인에게서 높게 나타났다.

이와 같은 경향은 나이가 많은 연령층에서는 이미 원하는 자녀를 갖고 단산을 원하기 때문에 불임수술을 수용하는 비율이 다른 연령층에 비하여 높은 것이며, 젊은 연령층에서는 아직 원하는 자녀를 모두 출산한 상태가 아니기 때문에 터울조절이 가능한 일시적 피임방법의 사용 가능성이 높게 나타나는 것으로 이해된다. 따라서 피임방법의 지도는 부인의 인구학적 특성에 따라 차별화하여 관리 될 때 효과적일 것으로 예상된다.

부인의 교육수준에 따른 피임방법별 실천율을 보면, 부인의 교육수준이 낮을수록 난관수술 및 먹는 피임약에 의한 피임실천율이 높았고, 정관수술, 일시적 피임방법인 콘돔, 월경주기법 및 기타방법은 교육수준이 높을수록 실천율이 높았으며, 자궁내장치 등은 학력에 따라 일정한 경향을 보이지 않았다. 그러나 교육수준과 연령과는 밀접한 관련이 있으므로 학력과 피임방법의 관계만으로 단순히 해석하기에는 무리가 있다.

현존 자녀수 및 피임방법별 실천율은 부인의 연령에 따른 피임방법 실천율과 비슷한 경향을 보이고 있다. 즉, 자녀수가 많을수록 난관수술과 정관수술 같은 영구피임방법과 자궁내장치 같은 반영구 피임방법을 실천하는 비율이 높았고, 자녀수가 적을수록 먹는 피임약, 콘돔, 월경주기법, 기타방법 등의 일시적 피임방법에 의한 실천율이 높게 나타났다. 2002년 이임순 등[9]에 의하면 한국여성들이 가장 많이 이용하는 피임방법은 콘돔(28.9%)이였으며 그 다음으로 자궁내장치(21.1%), 난관수술(13.5%), 경구피임약(12.2%), 날짜피임법(9.1%), 정관수술(7.9%), 질외사정(6.4%) 순이었다. 특이한 것은 경구피임약이 안전한 피임방법이라고 알려져 있고, 이태리 30.3%, 스웨덴 32.4%, 영국 36%, 독일 52.4% 등 전세계적으로 매일 약 9천만명 이상이 복용하고 있음에도 우리나라에서는 2000년도 한국 보건 사회연구원의 자료에 따르면 가임여성의 2.1% 정도만이 복용한다고 하였다. 2002년 이임순 등의 보고에서 경구 피임약의 사용이 12.2%로 비교적 높게 나왔으나 콘돔이나 자궁내 장치보다는 빈도가 적었다. 이것은 아마도 우리나라에서는 아직 경구 피임약에 대한 막연한 인식이 좋지 못한 데에서 기인한 것이 아닌가 생각된다.

한편 중소도시인 충주지역의 피임실태에 대한 이해남 등의 보고에 의하면 298명 중 현재까지 3개월 이상 피임중인 여성은 268명(89.9%)이었고, 나머지 30명(10.1%)은 어떠한 피임도 하고 있지 않았다. 피임방법은 69명(23.2%)이 사용한 난관수술이었고 그 다음은 65명(21.8%)이 사용한 콘돔, 51명(17.1%)이 사용한 루프(자궁내장치), 46명(15.4%)이 사용한 정관수술의 순이었다. 이외에 24명(8.1%)이 사용한 자연주기법, 7명(2.3%)이 사용한 질외사정법, 5명(1.7%)이 사용한 경구피임약의 순이었다. 그리고 경구피임약과 콘돔을 같이 사용한 여성도 1명(0.3%) 있었다. 연령대별로 가장 많이 사용하는 피임법은 20-24세, 25-29세, 30-34세, 35-39세에서는 모두가 콘돔이었으며 각각의 콘돔 사용비율은 33.3%, 75.0%, 44.4%, 22.0%였고 이들 연령에서 두 번째로 많이 사용하는 피임법은 20-24세, 25-29세, 30-34세에서는 루프였고 35-39세에서는 난관수술이었다. 40-44세, 45-49세에서는 난관수술을 가장 많이 사용하였고 각각의 사

---

9) 이임순 외 대한산부회지 제45권 제6호 2002 p.960 한국 여성 1,131명의 피임실천 및 실태에 대한 조사

용 비율은 31.9%와 39.2%였으며 이들 연령에서 두 번째로 많이 사용하는 피임법은 40-44세에서는 루프였고 45-49세에서는 정관수술이었다.

한편, 2008년 김혜련 등의 국제결혼 이주여성의 생식건강실태와 정책과제에서 보고한 바에 의하면 현재 국내 이주여성이 피임을 하고 있는 경우는 50.2%이었고, 아닌 경우 32.9%, 임신 중인 경우 16.9%로 임신 중인 경우를 제외하면 피임실천률은 60.4%였다. 이는 2006년 전국 출산력 조사결과에서 국내 여성의 피임실천율이 79.6%로 나타난 것에 비교하면 낮은 수준으로 볼 수 있다. 농촌지역에 거주하는 베트남 여성의 피임실천율이 43.0%로 낮지만 현재 임신 중인 비율이 21.7%로 높기에 피임을 실천하지 않는 비율은 거의 비슷한 것으로 볼 수 있다.

피임방법에 대한 복수응답 결과 콘돔이 29.4%, 자궁 내 장치 24.0%, 질외사정 15.0%, 월경주기법 11.7%, 먹는 피임약 11.0%, 정관수술 4.5%, 난관수술 4.3%, 살정제 2.0% 등의 순으로 나타났고 출신국가별로는 베트남 여성의 경우는 콘돔 31.2%, 자궁내 장치 25.4%, 질외사정 18.2% 등의 순이었다. 필리핀 여성은 콘돔 27.1%, 자궁내 장치 22.9%, 월경주기법 16.1% 등의 순이었고, 다른 출신국가 여성은 콘돔 28.4%, 자궁내 장치, 먹는 피임약 각 22.1% 등의 순으로 나타났다.

베트남 등에서 결혼이민 온 여성 중 1032명이 피임 및 생식에 관한 설문을 완성하였다. 대부분 신혼이어서 피임 실천율은 낮아 11.7%의 여성이 피임을 하고 있었고 그중 경구 피임제를 현재 사용하는 경우가 2.7%, 경구피임제 외 다른 피임 방법을 사용하는 경우가 8.0%였다. 피임 실천율에 대상자의 연령, 임신력, 자녀수 등이 영향을 미쳤고 교육 정도, 수입 정도, 의료보험 형태등은 영향을 미치지 않았다. 연령이 증가함에 따라

피임 실천율이 통계적으로 유의하게 높아졌다. (표 29-1, 29-2)

표 29-1 피임 실천율

	빈도	%
피임안함	922	89.3
경구외	83	8.0
경구	27	2.7
합계	1032	100

표 29-2 연령별 피임 실천율

	현재 피임 여부	
	예 (%)	아니오(%)
20세 이하	17 (6.18)	258 (93.8)
21-25세	452 (11.72)	60 (88.28)
26-30세	20 (12.90)	135 (87.10)
30세 이상	13 (14.44)	77 (85.56)
합	110 (89.34)	922 (10.65)

▌인공임신중절률의 변화

인공임신중절은 '태아가 모체 밖에서 생명을 유지할 수 없는 기간에 태아와 그 부속물을 인공적으로 모체 밖으로 배출시키는 행위'로서 인공유산 또는 낙태라고도 한다. 인공임신중절은 자연유산, 사산 등과 함께 임신소모의 한 형태이지만, 자연유산과 사산은 본인이 원하지 않은 결과임에 반하여 인공임신중절은 본인의 의사에 의하여 인위적으로 결정되는 임신중절의 형태라는 점에서 근본적으로 다른 특성을 갖는다. 이러한 점으로 미루어보아 인공임신중절의 부정적 인식은 누구나 공감하지만 이를 정책적으로 얼마나 수용할 수 있을 것인가는 각 국가 및 사회의 문화적 가치관적, 종교적, 경제적, 보건의료적 측면에 따라 다르게 나타난다.

인공임신중절률은 한 여성이 생애동안 인공임신중절을 하는 횟수를 일정시점에서 측정하는 것이다. 본 연구를 위한 실태조사는 기혼여성을 대상으로 수행하였으나 과거 조사와의 비교를 위해 20~44세 유배우 부인만을 분석대상으로 하였다. 출산력은 연령별 인공임신중절률의 연도별 변화 추이를 보여준다. (표 30) 최근 우리나라 부인의 인공임신중절은 지속적으로 감소추세에 있었으며, 2003년 조사(2002년 통계)에서는 일시적으로 상승하였으나 2006년 조사(2005년 통계)에서는 큰 폭으로 감소하였다.

표 30 　20~44세 유배우부인의 연령별 인공임신중절율 변동추이

(단위 : 회/1000명당)

연령	1975[10]	1984[11]	1987[12]	1990[13]	1993[14]	1996[15]	1999[16]	2002[17]	2005[18]
20~24세	63	91	102	186	105	79	53	74	59
25~29세	86	146	103	112	94	51	33	38	15
30~34세	158	115	71	60	63	49	33	30	19
35~39세	153	40	29	21	25	16	12	21	7
40~44세	75	20	7	6	1	3	1	6	5

인공임신중절률을 5세 간격별 연령에 따라 구분하여 살펴보면 다음과 같이 요약된다. 1990년 이후 가장 높은 인공임신중절률을 보여준 20~24세 연령층은 1990년에 186을 기록한 후 급격히 떨어져 1999년 53으로 최저수준에 달하였다가 2002년에는 다시 74로 상승하였으며, 본 조사에서는 59로 다시 감소하였다. 그렇지만 20~24세 연령층의 인공임신중절률

10) 박병태 외, 『1976년 전국 출산력 및 가족 계획평가조사』, 가족계획연구원, 1978.
11) 문현상 외, 『1985년 출산력 및 가족보건실태조사』, 한국인구보건연구원, 1985.
12) 문현상 외, 『1988년 전국 출산력 및 가족보건실태조사』, 한국인구보건연구원, 1989.
13) 공세권 외, 『한국에서의 가족형성과 출산형태(1991년 전국 출산력 및 가족보건실태조사)』, 한국보건사회연구원, 1992.
14) 홍문식 외, 『1994년 전국 출산력 및 가족보건실태조사』, 한국보건사회연구원, 1994.
15) 조남훈 외, 『1994년 전국 출산력 및 가족보건실태조사』, 한국보건사회연구원, 1997.
16) 김승권 외, 『1994년 전국 출산력 및 가족보건실태조사』, 한국보건사회연구원, 2000.
17) 김승권 외, 『1994년 전국 출산력 및 가족보건실태조사』, 한국보건사회연구원, 2003.
18) 본 조사결과

은 다른 연령층에 비하여 높게 나타났는데, 이는 20~24세 연령층의 피임 실천율이 다른 연령층 보다 낮아 임신에 노출되어 있을 가능성이 높을 뿐만 아니라 사용하고 있는 피임방법도 다소 안정성이 낮은 일시적 피임방법이기 때문에 원하지 않는 임신을 할 가능성이 높은데서 나타나는 결과라 추측된다. 아울러 첫 출산을 지연시키기 위한 방편으로 인공임신중절을 악용한다고도 짐작된다.

인공임신중절 횟수는 얼마나 많은 인공임신중절을 경험하였는지를 알 수 있는 지표이다. 따라서 2회 이상 반복 경험한 부인의 경우 실제 경험 횟수를 감안하므로 인공임신중절을 얼마나 자주 수용하고 있는지를 정확하게 파악할 수 있는 지표라 하겠다.

인공임신중절을 2회 이상 반복 경험한 부인은 1994년 조사에서는 20.9%로 높았으나 지속적으로 낮아져 2000년 17.1%, 2003년 15.8%이었다. 본 조사에서는 더욱 낮아져 10.1%가 반복 경험하고 있는 것으로 나타났다. 이러한 결과로 인공임신중절의 평균 경험횟수도 1994년의 0.8회에서 2000년 0.7회, 2003년 0.6회, 2006년 0.5회로 지속적인 저하를 보였다.

2008년 김혜련 등의 "국제결혼 이주여성의 생식건강실태와 정책과제"에서 보고한 바에 의하면 임신 5개월 이전에 자연유산 경험이 있는지 질문하였을 때 전체의 10.9%가 그런 경험이 있다고 응답하였다. 전반적으로 도시지역이 농촌지역보다 좀 더 많았고, 농촌 지역에서는 임신 5개월 이전에 자연유산 경험이 베트남 여성은 4.6%인데 다른 출신국가 여성은 11.6%로 보다 더 많이 경험하는 것으로 나타났다.

임신 중에 아기를 낳지 않기 위해 일부러 아기를 지운 경험, 즉 인공유산 경험이 있는지 질문하였을 때 전체의 6.3%가 경험이 있다고 응답하였다.

2006년 출산력 조사에서는 인공임신중절 경험률이 34%로 나타난 것과 설동훈 등(2005)의 국제결혼 이주여성 대상 연구에서 낙태율이 20.2%(단 낙태 경험자 중 자연유산 29.0%를 포함한 결과임)로 나타난 것과 비교하면 매우 낮은 수준으로 볼 수 있다.

이화의대 연구에 의하면 동아시아 여성이민자의 경우 2007년에는 9.84%, 2008년도에는 8.4%의 비율을 보여 2008년도에는 2007년도에 비해 인공임신중절의 경험률이 다소 낮아졌음을 알 수 있다. (표31-1, 31-2)

표31-1 조사대상자의 인공유산 경험 여부(2007년)

	여 성					
	베트남		캄보디아		전체	
	변수	(%)	변수	(%)	변수	(%)
인공 유산 경험 여부						
아니오	219	(90.12)	10	(90.91)	229	(90.16)
예	24	(9.88)	1	(9.09)	25	(9.84)

표31-2 조사대상자의 인공유산 경험 여부(2008년)

	여 성							
	베트남		캄보디아		몽골		전체	
	변수	(%)	변수	(%)	변수	(%)	변수	(%)
인공 유산 경험 여부								
아니오	343	(93.2)	31	(91.2)	28	(75.7)	402	(91.6)
예	25	(6.8)	3	(8.8)	9	(24.3)	37	(8.4)

▦ 불임실태

사회가 점차 발달함에 따라 여러 가지 요인에 의해 불임부부가 증가하고 있다. 대부분의 경우에는 특별한 원인을 규명할 수 없는 경우도 있다고 한다. 더군다나 불임부부가 아이를 갖기 위해서는 비용부담이 엄청나게 소요되고 있어 최근에는 저출산 대책의 일환으로 불임부부 지원책을 추진하고 있다. 한국사회에서 불임의 정확한 실태가 시계열적으로 파악되지 않았음은 문제점으로 지적된다. 따라서 본 조사연구[19]에서 불임실태를 파악하고자 시도하였다. 먼저 조사대상인 15~49세 전체 유배우부인 중 임신을 위하여 노력한 비율은 9%이었고, 임신노력 중인 부부가 불임진찰을 받은 비율은 54.2%로 나타났다. 결과적으로 전체 유배우부인이 불임진찰을 받은 비율은 4.26% 라고 하겠다. 부인의 연령층에 따라 구분하여 살펴보면, 임신이 잘 안되어 노력하고 있는 비율은 35~39세 연령층이 가장 높은 9.4%이었고, 다음은 40~44세 연령층 5%, 30~34세 연령층 8.0% 등의 순이었다. 또한 45~49세 연령층에서도 6.3%가 있다는 점도 관심을 두어야 할 점이다.

2008년 김혜련 등의 "국제결혼 이주여성의 생식건강실태와 정책과제"에서 보고한 바에 의하면 국제결혼 이주여성 본인은 임신을 원하나 가족이 임신을 원하지 않는 경우는 7.6%였고, 도시나 농촌에 거주하는 다른 출신국가 여성이 11.0%, 8.0% 로 베트남 여성 5.0%, 7.2%보다 많았다. 1년 이상 노력했지만 임신이 안 된 경험이 있는 경우는 12.5%다.

---

19) 2006 김승권 외 "2006 전국출산력 및 가족보건·복지실태조사" – 한국보건사회연구원

설동훈 등(2005)의 "국제결혼 이주여성 대상 연구"에서도 1년 이상 노력했지만 임신이 안 된 경험이 있는 경우가 전체의 15.2%였다.

1년 이상 노력했지만 임신이 안 된 경우에 진찰을 여성 자신만 받은 경우는 13.1%, 남편만 받은 경우 25.0%, 나와 남편이 둘 다 받은 경우 30.6%, 나와 남편이 둘 다 받지 않는 경우 31.3% 로 나타났다.

국제결혼 이주여성은 불임률이 12.5%로 더 높으면, 불임진찰율도 68.7%로 높아 적극적으로 진찰을 받는 것으로 보이며, 최근에 와서 저소득 불임부부에 대한 정부지원책이 이들에게 혜택을 주고 있기 때문으로 볼 수도 있다.

2006년 "전국 출산력 조사결과"에서 임신을 하기 위한 노력으로 부부모두 불임진찰을 받았다는 경우는 51.1%, 부인만 받았다는 경우 47.9%, 남편만 받았다는 경우 1.0% 로 나타난 것에 비해 본 조사대상은 오히려남편만 진찰을 받은 비율이 상대적으로 매우 높음을 살펴볼 수 있다.

3. 결혼이민자 여성의 자궁경부암

▌ 자궁경부암

우리나라 자궁경부암의 현황

우리나라에서의 자궁경부암은 지난 10년간 발생률이 감소 추세에 있다. 2002년 한국중앙암등록사업 연례 보고서에 따르면, 우리나라 여성에서 발생하는 전체 악성 종양 중 자궁경부암 발생률은 9.1%로 유방암

(16.8%), 위암(15.3%), 대장암(10.7%), 갑상선암(9.5%)에 이어 5위를 차지
하였으며 상피내암종까지 포함할 경우에는 유방암 다음으로 2위를 차지
하였다.[20] 즉, 자궁경부암은 국내 여성 생식기암 중에서 가장 발생 빈도
가 높은 암이다. 2004년 한국 부인암 등록사업 조사보고서에 따라 연도별
자궁경부암의 발생건수를 살펴보면 1991년에 3,011명에서 1995년에
3,087명으로 증가한 이후 2000년도까지 2,899명으로 꾸준히 감소 추세를
보였으나 2001년도에는 3,386명, 2002년도에는 3,564명으로 다시 증가
하였다가 2003년에는 3,322명, 2004년에는 3,184명으로 감소하였다. 물
론 10년간 발생률의 추이만으로 자궁경부암의 감소 추세를 단정하기는
어렵다. 그러나 자궁경부 세포진검사 등으로 인한 선별검사로 많은 수의
환자가 자궁경부상피내종양 단계에서 진단될 것으로 기대된다. 또한 향후
에도 사회 경제적 수준의 향상으로 더 많은 여성이 선별검사에 참여할 것
으로 보이므로 자궁경부암의 지속적인 감소 추세를 예상할 수 있다. 나이
에 따라 분류하면 20세 미만에서는 발생이 없었고 65세 이하의 환자에서
는 IIb 이상의 진행된 암이 4.4%였던 반면 65세 이상의 환자에서는 51%
나 차지하였다.

자궁암 검진에 질 도말 세포검사가 1940년 중반에 소개된 후 이를 도
입 시행한 나라에서 자궁암 사망률이 많이 감소했다. 미국의 통계로는 자
궁암 검진으로 사망률이 약 70% 감소해 최근에는 연간 약 10,600명의 여
성의 생명을 건질 수 있게 되었다. 그러나 자궁암은 미국과 같은 선진국
에서도 아직 중요한 보건 현안 문제로 남아있다. 1986년 까지 미국여성

---

20) Ministry of Health and Welfare. 2003. 2002 Annual report of Korea Central
Cancer Registry Seoul.

5,200여명이 매년 사망했었는데 이들의 37%는 전혀 세포검진을 받은 적이 없는 여성들이었다. 따라서 세포검사는 자궁암 사망률을 줄이는데 공헌한 것이 확실한 것이다. 그러나 자궁암으로 인한 사망자들의 전체 환자가 세포검사 과오(error)에 의한 것이라는 직접적인 증거를 잡기가 힘들다. 그래서 세포검사와 조직검사상 불일치 등을 기초로 조사한 보고로는 미국의 경우 1년에 약 500명의 자궁암 사망은 이러한 검사상의 착오에 기인한 것으로 보고되고 있다.

자궁경부암은 전 세계적으로 두 번째로 흔한 여성의 암이며, 그로 인한 사망률은 60%에 이르고 있다. 자궁경부암은 오랜 기간의 전암(pre-invasive) 단계를 거치고 선별검사의 유용성과 더불어 전암단계 병변의 효과적인 치료가 가능하므로 충분히 예방이 가능한 질병이다. 그럼에도 불구하고 여전히 전 세계적으로 여성 암 중 2위의 발생률과 3위의 사망률을 보이고 있다. 우리나라에서도 자궁경부암은 위암, 유방암에 이어 제5위를 차지하는 호발암이며, 상피내암을 포함할 경우 아직까지도 두 번째로 흔한 암이다.

2002년 통계에 의하면 자궁경부암은 전 세계적으로 매년 493,000명의 새로운 환자들이 발생하고 274,000명이 자궁경부암으로 사망하는 등 부인암에 있어서 두 번째로 흔한 암이다.[21] 전 세계적으로 자궁경부암의 약 83%는 개발도상국에서 발병한다. 개발도상국에서는 자궁경부암이 모든 부인암의 15%를 차지하고 있고 65세 이전에 발생할 위험률이 1.5%에 이

---

21) Devesa SS, Young JL, Briton LA. 1989. "Recent trends in cervix uteri cancer."Cancer 64: 2184-2190.

른다. 그러나 선진국에서는 자궁경부암이 부인암의 3.6%를 차지하고 있으며 64세까지의 누적 위험률 또한 0.8%에 불과하다. 이처럼 자궁경부암은 대표적인 후진국형 암이다. 자궁경부암의 발생률이 가장 높은 지역은 사하라 이남 아프리카, 멜라네시아, 라틴아메리카, 카리브, 중앙아시아 그리고 동남아시아이다. 일반적으로 유럽, 북아메리카 그리고 일본에서는 100,000명당 31-33.5명의 자궁경부암 환자가 발생한다. 자궁경부암의 사망률은 발생률보다는 낮은 편이다. 전 세계적으로 자궁경부암의 사망률과 발생률과의 비율은 55%이다. 우리나라에서의 연령 표준화 발생률은 100,000명당 15.5명으로 동남아시아나 아프리카보다는 낮지만 미국이나 유럽보다는 높은 편이다.

통계청의 2005년 사망원인통계연보에 따르면, 자궁경부암으로 인한 사망은 전체 여성의 암으로 인한 사망 중 8번째를 차지하였다. 지난 10여 년 간의 추이를 보면 우리나라에서 자궁경부암의 발생과 이로 인한 사망은 점진적인 감소를 보이고 있다.[22] 이는 지난 수 십여 년간의 역학적, 분자생물학적, 유전학적 및 임상적 연구를 통하여 자궁경부암의 원인 및 발생기전에 대한 이해가 증가하였고, 조기검진을 가능하게 하는 선별검사가 개발되어 도입되었으며, 동시 항암화학방사선요법 등 최근의 다양한 치료법의 발전으로 인한 것이다.

---

22) Chung HH, Jang MJ, Jung KW. 2006. "Cervical cancer incidence and survival in Korea: 1993-2002." Int Gynecol Cancer 16: 1833-1838.

▌ 자궁경부암의 고위험군

자궁경부암의 발생과 연관되는 위험인자로는 조기의 성경험, 다수의 성적 배우자, 흡연 감염 등이 제시되어 왔으나 현재는 성적 접촉에 의한 인유두종 바이러스(human papilloma virus, HPV)감염이 주요한 발생원인이라는 설이 가장 유력하다. 즉 자궁경부암은 인유두종바이러스의 감염을 통해서 발생되는 성인성 질환(STD)이다. 따라서 다른 성인성 질환들과 위험인자가 비슷하여 피임약, 산과력, 성경험이 이른 경우(16세 이전), 고출산력, 흡연, 낮은 사회경제적 지위, 면역기능 억제상태 그리고 여러 명의 성 배우자를 가지고 있는 경우가 포함된다. 그 외에도 장기간의 경구피임제가 자궁경부암의 위험도를 높이는 것으로 보고되었으나, 여기에는 이러한 여성들이 비교적 활발한 성생활을 하는 등의 다른 요인이 복합적으로 작용하고 있다. 현재까지는 자궁경부암 및 전암병변발생에 연관성이 있는 첫 번째 원인으로 HPV를 들고 있으며 이는 다른 암 발생의 역학적 관계보다도 강력한 위험도를 갖는 인자로 자리매김하였다. HIV에 감염되고 동시에 인유두종바이러스에도 감염된 환자는 HIV 음성인 여성에 비해 자궁경부 이형성증에서 침윤성 자궁경부암으로 진행하는 비율이 높다. 그리고 HIV에 감염된 환자에게 항바이러스제로 치료를 하여도 HPV와 관련된 질환의 발생에는 영향을 미치지 못한다고 보고되고 있다.

▌ 자궁경부암의 예방, 조기발견

자궁경부암은 HPV 바이러스(인유두종바이러스)라는 바이러스에 감염되어 생기는 질환으로, HPV 바이러스는 성관계를 한 번이라도 한 여성 가운데 10명 중 8명은 50세 이전에 감염될 만큼 흔한 바이러스이다. 미국 여성 전체의 4분의 1이상, 한국여성의 경우 13.3%이상이 주로 성접촉을 통해 전염되는 인유두종 바이러스(HPV)에 감염돼 있으며, 이들은 자신이 감염된 사실조차 잘 모르고 있다. 특히 HPV 바이러스의 16형과 18형은 자궁경부암의 70%를 차지하는 고위험군 바이러스로, 현재 미국계 제약회사인 MSD는 이 두 바이러스로 발생하는 자궁경부상피내암(CIN2,3) 단계까지 완벽하게 차단하는 '가다실(Gardasil)'이라는 백신을 개발, 금년 6월경 미국 FDA의 승인을 받을 것으로 기대하고 있다. 현재 예방적인 면역 기능 유지 기간은 약 10년 정도로 예상하고 있으며 선진 개발 국가에의 예방 공급과 더불어 이를 이용한 저개발 국가의 공급에 대한 논의가 진행되고 있다. 그러나 예방접종이 하나 혹은 두개 이상 HPV vaccine의 감염을 예방하는 효과를 보인다 하더라도 과연 이러한 vaccine을 대규모로 투여하는 것이, 감염과 자궁경부암의 발생을 실질적으로 얼마나 감소시킬 수 있으며 자궁경부암의 예방에 있어서 비용, 효과적 측면으로 어떠한 효과가 있을 것인지는 아직 불투명하다.

1943년 Dr. George N. Papanicolaou에 의해 개발된 자궁경부 세포진검사가 자궁경부암 선별검진 및 조기진단 목적으로 도입되어 집단검진 등에 전세계적으로 이용되면서 침윤성 자궁경부암의 발병률 및 사망률을 감소시키는데 크게 기여하였다. 그러나 반세기이상 지난 지금도 자궁경부암 박멸에 제한적인 성공밖에 이룰 수 없었던 이유는 자궁경부 세포진검사를 전체 대상여성에 시행하기에 현실적으로 불가능하고, 낮은 민감도로 인하여 세포진검사 자체의 암을 발견해 낼 수 있는 제한성을 이유로 들 수 있다. 지금도 자궁경부암의 조기 발견율을 높이고 치료효과의 향상을 위하여 전 세계적으로 다각적인 연구가 이루어지고 있다. 무엇보다도 최근 자궁경부암 예방 백신의 개발로 인하여 향후 자궁경부암의 발생과 이로 인한 사망은 더욱 줄어들 것으로 보이며 이의 정착을 위한 연구가 전 세계적으로 활발히 진행되고 있다.

▌ 자궁경부암과 조기검진에 대한 인식

2006년 3월 여의사회에서 한국여성의 "자궁경부암 및 예방에 대한 인식 조사"[23]에서 10-60대 여성 186명을 대상으로 시행한 설문조사에서 예방을 위한 정기 검진 여부에 대해선, 전체 조사 대상자의 66.1%가 정기 검진을 받지 않는 것으로 나타났다. 정기 검진을 받는 응답자 중 20대 이하는 10.3%, 30~40대는 37%, 50대 이상은 61.1%로 연령이 높을수록 자궁경부암 예방을 위해 정기 검진을 받는 비율이 높았다. 미혼은 13%, 기혼은 46.2%를 차지해, 미혼인 경우보다 기혼일 경우 정기 검진을 받는다는 응답이 많은 것으로 나타났다. 전체 응답자의 41.3%가 35세 이후에 정기 검진을 처음 시작하였으며, 30~35세 사이가 28.6%, 25~29세 사이가 22.2%인 것으로 나타났다. 1년에 한 번이 50.8%로 가장 많은 응답을 보였으며 2년에 한 번 23.8%, 대중없이 생각 날 때마다가 14.3% 순으로 나타났다.

20대의 경우 6개월에 한 번 검진하는 비율이 50%였으며, 30~40대의 경우는 1년에 한번 검진하는 비율이 51%였다. 50대 이상의 경우는 1년에 한 번 검진하는 비율이 63.6%였다. 이를 보면, 연령이 높을수록 1년에

---

23) 2006년 한국여자의사회 "자궁경부암 및 예방에 대한 인식 조사"

한 번씩 검진을 실시한다는 응답이 더 높게 나타났고, 반대로 연령이 낮을수록 6개월에 한 번씩 검진을 실시한다는 응답이 더 높게 나타난 것을 알 수 있다.

결혼여부에 따라서는 미혼인 경우는 6개월에 한 번씩 검진을 실시한다는 응답이 44.4%로 기혼보다 더 높게 나타났고, 기혼인 경우는 1년에 한 번씩 검진을 실시한다는 응답이 53.7%로 미혼보다 더 높게 나타났다. 정기 검진에 대한 정보가 없어서가 48.0%로 가장 많은 응답을 보였으며, 검진 안 해도 별로 심각한 질환이 아니라고 생각되어서가 25.2%, 검사 과정이 복잡할 것 같아서가 13.8% 순으로 나타났다. 정기 검진에 대한 정보가 없어서라는 응답은 20대가 57.1%로 30~40대의 46.10% 보다 상대적으로 더 높게 나타났으며, 검진 안 해도 별로 심각한 질환이 아니라고 생각되어서라는 응답은 50대 이상이 71.4%를 차지해 다른 연령층 보다 더 높게 나타났다.

미혼은 비용이 비쌀 듯해서라는 응답이 21.7%로 기혼의 4.8%보다 더 높게 나타났고, 기혼은 검진 안 해도 별로 심각한 질환이 아니라고 생각되어서라는 응답이 31.7%로 미혼의 18.3%보다 더 높게 나타났다.

동남 아시아인들의 모성 사망의 중요 원인이며 여성암 사망원인의 1위는 자궁경부암이다. 베트남인들은 자궁경부암의 screening test의 필요성에 대한 인식이 거의 없으며 동남아시아 3개국에는 자궁경부암 screening 프로그램이 없으며 한국에 거주하는 결혼이민자 여성의 99%가 자궁경부암 검사를 받은 적이 없는 것으로 알려져 있다.

▌ 자궁경부암과 인유두종 바이러스 검사

지금까지 연구된 인유두종 바이러스 검사의 역할은 첫째, 일차 선별검사－단독 혹은 세포진검사와 병용 사용한 결과의 역할과, 둘째, ASCUS 혹은 LSIL의 중간 선별기준으로서의 역할이 있다.

정상 인구집단에서 인유두종 바이러스의 양성률은 연령, 성활동에 대한 노출 정도, 검사 방법 등에 따라 3~20%까지 매우 다양하게 보고된다.[24] 인유두종 바이러스 감염은 보통 일시적이며 대부분의 감염은 1~2년 이내에 소멸된다. 20~25세의 여성에서 가장 높은 유병률을 보이고, 이후 감소되며, 성생활의 활발성과 일치한다. 이러한 비교적 높은 양성률은 인유두종 바이러스 검사의 특이도에 대하여 고려하여야 할 점이 많음을 시사한다. 일반적으로 인유두종 바이러스 양성률은 연령이 증가할수록 유의하게 감소하지만 질병의 중증도에 비례하여 유의하게 높다. 성적으로 활발한 젊은 여성에서 잠재적인 CIN을 진단하는 방법으로 인유두종 바이러스 선별검사의 유용성은 의심스러우나, 비교적 고령의 여성과 일부 특정된 집단, 예를 들어 이미 경증의 자궁경부 질환이 의심되는 환자군에서 인유두종 바이러스 검사는 임상적으로 유용할 수 있다.[25]

전체 응답자의 75.8%는 자궁경부암이 HPV에 의해 유발된다는 사실을

---

24) Lennart K, Fredrik W, Inga S, Goran W, Tord D. A population-based study of human papillomavirus deoxyribonucleic acid testing for predicting cervical intraepithelial neoplasia. Am J Obstet Gynecol 1998; 179(6): 12: 1497-502.

25) Cox JT, Winzelberg AJ, Patterson JM. An evaluation of Human Papillomavirus Testing as part of referral to colposcopy clinics. Obstet Gynecol 1992; 80: 389-95.

모르는 것으로 나타났다. 연령에 따르면 20대 이하는 17.9%, 30~40대는 26.3%, 50대 이상은 22.2%로 나타나 연령이 높을수록 자궁경부암이 HPV에 의해 유발된다는 사실을 알고 있었다는 응답이 더 높게 나타났다. 결혼 여부에 따라서는 미혼이 23.2%, 기혼은 24.8%로, 기혼인 경우가 자궁경부암이 HPV에 의해 유발된다는 사실을 알고 있었다는 응답이 더 높게 나타났다.

동아시아에 관한 한 보고에서는 베트남 여성의 1.3%가 감염이 되어 있다고 보고하고 있는데 이는 본 연구진이 최근 시행한 보건복지부 용역사업의 결과에 따르면 대상자의 고위험 인유두종 바이러스에 감염 된 결혼 이민자 여성은 1차년도 21.8%, 2차연도 28.57%, 3차년도 15.9% 이다. (표32-1, 32-2, 32-3)

한편, 최근 실시한 동아시아 결혼 이민자 여성과 베트남 현지 여성의 HPV high risk 감염 결과는 각각 27.78%, 5.7%로 나타나 국내 이민자가 더 높은 유병율을 보여 두 집단 간의 인유두종 바이러스 감염 실태와 자궁경부암에 대한 보다 많은 대상으로 한 연구와 실태 조사가 필요하다.

표32-1 동아시아 여성의 HPV high risk 감염 결과(2006)

고위험 HPV 감염	여 (N=220)	
	수	%
양성	48	21.8
음성	172	78.2
합계	220	100

표 32-2 동아시아 여성의 high risk HPV 감염결과 (2007)

	베트남 가구		캄보디아 가구		전 체	
	여성		여성		여성	
	N	(%)	N	(%)	N	(%)
human papilloma virus						
Negative	78	(72.22)	12	(66.67)	90	(71.43)
Positive	30	(27.78)	6	(33.33)	36	(28.57)

표 32-3 동아시아 여성의 high risk HPV 감염결과 (2008)

	베트남 가구		캄보디아 가구		몽골 가구		전 체	
	여성		여성		여성		여성	
	N	(%)	N	(%)	N	(%)	N	(%)
human papilloma virus								
Negative	37	(84.1)	10	(76.9)	11	(91.7)	58	(84.1)
Positive	7	(15.9)	3	(23.1)	1	(8.3)	11	(15.9)

이대의대 조사 결과 동아시아 국가 중 한국으로 결혼 이민을 많이 들어오는 베트남과 캄보디아의 자궁자궁경부암 실태, 경부암 검사 결과와 인유두종 바이러스 실태는 아래와 같다. (표 33-1), (표 33-2)

표 33-1 동아시아 결혼 이민자 여성과 베트남 여성의 자궁경부암 검사 결과

Pap smear result	Marriage immigrant		Vietnam	
	N	(%)	N	(%)
Class I, II	121	(96.03)	216	(94.32)
ASCUS	4	(3.17)	5	(2.18)
HSIL	1	(0.79)	6	(2.62)
LSIL	1	(0.79)	2	(0.87)
Total	126	(100.00.)	229	(100.00.)

표 33-2 동아시아 결혼 이민자 여성과 베트남 여성의 HPV 유병율

Pap smear result	Marriage immigrant(138)		Vietnam(193)	
	N	(%)	N	(%)
Negative	78	(72.22)	178	(92.20)
High risk positive	30	(27.78)	11	(5.70)
Low risk positive	30	(27.78)	4	(2.10)

*16,18,39: most common type HPV infection in Vietnam

HPV와 HIV는 성매개 감염이 경로로 알려져 있는데 2005년 WHO 보고에 의하면 한국은 0.1%, 베트남 0.5%, 캄보디아 1.6%, 라오스 0.1%의 에이즈 감염율을 보고하고 있고, 현재까지 잘 알려지지는 않았으나 HPV 감염율 또한 주요 결혼 이민자 송출국인 베트남과 캄보디아의 경우 한국보다 높을 것으로 예상된다.

Table 34 Prevalence of HPV in women with normal cytology, precancerous cervical lesions and inva-sive cervical cancer in Korea-Vietnam

	Korea		Vietnam		Eastern Asia		South-Eastern Asia		World	
	No. tested	HPV prevalence % (95% CI)	No. tested	HPV prevalence % (95% CI)	No. tested	HPV prevalence % (95% CI)	No. tested	HPV prevalence % (95% CI)	No. tested	HPV prevalence % (95% CI)
Normal cytology	3,124	21.0 (19.6-22.5)	1,897	5.4 (4.5-6.5)	17,767	10.6 (10.1-11.0)	4194	6.2 (5.5-6.9)	157,879	10.0 (9.8-10.1)
Low-grade lesions[a]	174	73 (65.7-79.4)	-	-	225	71.1 (64.7-76.9)	27	33.3 (16.5-54.0)	8,640	71.6 (70.6-72.5)
High-grade lesions[b]	378	88.4 (84.7-91.4)	-	-	1,132	81.3 (78.9-83.5)	207	61.8 (54.8-68.5)	7,094	84.9 (84.1-85.7)
Cervical Cancer	336	88.7 (84.8-91.9)	-	-	4,176	83.8 (82.7-84.9)	1090	92.1 (90.3-93.6)	14,595	87.2 (86.7-87.8)

Table 35 Type-specific HPV Prevalence in women with normal cytology, precancerous cervical lesions and invasive cervical cancer in Korea-Vietnam

HPV Type	Normal cytology		Low-grade lesions[a]		High-grade lesions[b]		Cervical Cancer	
	Women tested	HPV prevalence % (95% CI)	Women tested	HPV prevalence % (95% CI)	Women tested	HPV prevalence % (95% CI)	Women tested	HPV prevalence % (95% CI)
Korea								
16	1,981	6.7(5.7-7.9)	174	25.3(19.0-32.4)	378	46.6(41.4-51.7)	336	52.4(46.9-57.8)
18	1,981	1.1(0.7-1.7)	174	8.6(4.9-13.8)	378	7.4(5.0-10.5)	336	18.5(14.4-23.0)
Vietnam								
16	1,897	1.5(1.0-2.1)	-	-	-	-	-	-
18	1,897	0.6(0.3-1.0)	-	-	-	-	-	-

* Abbreviations used : 95% CI : 95% Confidence Interval
a. Low-grade lesions : LSIL or CIN-1
b. High-grade lesions : CIN-2, CIN-3, CIS or HSIL
* Data source : See sources at the end of the chapterx

Table 36 Incidence of cervical cancer

	Korea	Vietnam	Cambodia	Eastern Asia	South-Eastern Asia	Asia	World
crude rate	21.1	15.5	25.3	8.3	15.9	14.4	16
Age-standardized rate	17.9	20.2	38.7	7.4	18.7	15.4	16.2
cummulative risk	1.3	1.6	2.8	0.5	1.5	1.2	1.3
standardized incidence ratio	112	115	219	46	112	94	100
new cases	4,949	6,224	1,768	61,132	42,538	265,884	793,243
Ranking of All women cervical cancer	3rd	1st	1st	7th	2nd	2nd	-
Women 15-44 years	2nd	2nd	1st	3rd	2nd	2nd	-

▥ 동아시아 이민자 코호트대상 여성의 자궁경부암 검사 결과

자궁경부암의 원인으로 알려져 있는 인유두종 바이러스(human papilloma virus) 중 고위험 바이러스에 감염된 여성은 89명(25%)였다. 자궁경부암 검사는 총 344명의 여성이 하여 98.3%인 138명에서 정상인 Class I, II로 나왔으며, ASCUS나 LSIL과 같이 정밀검사를 하여야 하는 경우도 6명 있었다. 현재는 자궁경부암 검사에서 정상 소견을 보이지만 HPV high risk 감염율이 높아 향후 자궁경부암에 걸릴 위험이 높아 정기적인 자궁경부암 검사가 필요한 실정이다.

Table 37 High risk HPV

Pap smear	High risk HPV		Total N (%)
	Negative N (%)	Positive N (%)	
Class I	107 (76.4%)	33 (23.57%)	140 (100%)
Class II	150 (75.76%)	48 (24.24%)	198 (100%)
ASCUS	1(20%)	4 (80%)	5 (100%)
LSIL	0 (0%)	1(100%)	1 (100%)
Total	258 (75%)	86 (25%)	344 (100%)

4. 결혼이민자 여성의 모성 건강과 모성 사망

본 연구의 대상이 되는 동남아시아 국가들은 출산율은 높으나 사망율 또한 높으며 피임 실천율이 낮고 모성 사망과 신생아 사망이 높아 보건

의료수준이 매우 낮은 양상을 보인다.

베트남의 경우는 비교적 여러 가지 의료 지표들이 선진국형으로 접근하고 있지만 캄보디아의 경우는 아직 모성 사망율이 매우 높고 자간증이나 출혈로 인한 사망이 높은 등 모성 보건의 질이 매우 낮은 양상을 보인다. 1960년대 한국은 출산율 6.0에 높은 모성 사망률을 보이는 의료 후진국에서 현재는 높은 피임 실천율을 보여 오히려 저출산 국가로 변모하였다. 따라서 이들 국가의 출산율을 낮추고 모성 사망을 줄이기 위한 방안에 한국의 경험이 중요한 자료가 될 것이다.

Table 38 Reproductive health indicators

Indicator	Korea	Vietnam	Cambodia
Infant Mortality Rate per 1000 live birth	3.30(2002)	16.0(2006)	28(2005)
Maternal Mortality Rate per 100,000 live birth	15(2003)	75.1(2006)	472(2005)
Contraceptive Prevalence Rate***	79.90%	67.10%	27.20%
Total fertility rate*	1.12	2.11	3.40

* Data source :
  a. United Nations, Department of Economic and Social Affairs, Population Division. World Contraceptive Use 2005
     (http://www.un.org/esa/population/publications/contraceptive2005/WCU2005.htm)
  b. World marriage Patterns, 2000. Population Division, Department of Economic and Social Affairs, United Nations Secretariat. (http://esa.un.org/unpp)

Table 39 Maternal causes of mortality (only Female)

* : 발생수(사망수)

	Korea(2003)	Vietnam(2006)	Cambodia(2007)
Estimated population	48,606,790(2008)	84,155,800(2006est)	14,331,270(2007)
Abortion	-(1)*	22,669(-)	2,797(5)
Eclampsia	-(2)	445(15)	527(1)
Haemorrhage	-(26)	2,941(69)	1,941(8)
Obstructed labour	-(0)	-	1,200(-)
Sepsis	-(2)	427(17)	177(2)

Table 40   Reproductive health indicators

Factor	Indicator	Korea(2006) Male	Female	Total	Vietnam(2006) Male	Female	Total	Cambodia(2007) Male	Female	Total
Any contraceptive use(%)^a				80.5¹			78.5¹			23.8¹
Modern methods^a	Condom use(%)			15.1¹			5.8¹			0.9¹
	Intrauterine device(%)			13.2¹			37.7¹			1.3¹
	Injectable or implant(%)			0.0¹			0.4¹			7.4¹
	Pill(%)			1.8¹			6.3¹			7.2¹
	Sterilization(%)	12.7¹	24.1¹		0.5¹	5.9¹		0.0¹	1.5¹	
	Vaginal barrier method(%)			0.0¹			0.0¹			0.0¹
	Other modern methods(%)			0.0¹			0.0¹			0.2¹
	Total prevalence of modern methods(%)			66.9¹			56.7¹			18.5¹
Traditional methods^a	Withdrawal(%)			13.6¹			14.3¹			2.3¹
	Rhythm(%)			13.6¹			7.5¹			2.7¹
	Other Traditional method(%)			13.6¹			0.1¹			0.4¹
Age at first marriage	Average age at first marriage^b	29.3²	26.1²		24.5²	23.2²				
	Difference in average age at first marriage between men and women^b			3.3²			1.3²			
Married or in union	Women aged 15-49, married or in union (in thousands)^a			8600³			14682³			2003²

* Year of estimation : Korea—¹1997; ²1995; ³2005 Vietnam—¹2002; ²1989; ³2005 Cambodia—²2000; ³2005
* Data source : a. United Nations, Department of Economic and Social Affairs, Population Division, World Contraceptive Use 2005 (http://www.un.org/esa/population/publications/contraceptive2005/WCU2005.htm)
b. World marriage Patterns, 2000. Population Division, Department of Economic and Social Affairs, United Nations Secretariat. (http://esa.un.org/unpp)

5. 다문화 가정에 대한 사회서비스의 필요성

▌생애주기별 사회서비스

임신·출산기에 있어서 전남지역의 여성결혼이민자가 보건소를 이용하여 영양제나 예방접종 서비스를 훨씬 많이 경험하였다. 전남 지역의 대부분의 응답자들은 '경제적인 이유로 무료로 서비스를 받을 수 있는 보건소를 이용한다'고 응답하였다. 또한 전(全)단계에 있어서도 전남지역이 축제, 가족캠프, 유적지 탐방 등 다문화체험행사나 남편교육의 경험이 높게 나타나고 있다. 이는 도나 군단위로 단체 행사나 남편들이 교육받을 기회가 더 많았기 때문으로 보인다. 특히 여성결혼이민자가 경험한 사회서비스 중 한국어 교육, 보건소의 영양제 지원 및 예방접종, 방문 아동양육 지원, 문화이해 교육 등 대다수의 여성이 많이 경험한 서비스에서 부부간의 응답 차이가 나는 점은 주목할 만하다. 이는 상호 의사소통이 어려워서 충분히 설명하지 못하여 상대방이 알지 못했을 가능성이 높으나 또한 좀 더 관심을 갖고 대화하고 상대방의 일상을 이해하려는 노력이 부족한 데서 오는 것으로도 보인다.

▌임신 및 출산 전후 사회서비스에 대한 요구

임신과 출산은 여성의 몸에 직접적인 변화를 준다는 점에서 특히 여성들에게 큰 영향을 끼치는 사건이다. 더구나 결혼이민여성들은 낯선 타국에서 임신과 출산을 경험하게 되므로 더욱 많은 불안감을 느낄 수밖에 없다. 그러나 현재 여성결혼이민자들에게 제공되고 있는 임신, 출산 전후 사회서비스들이 이러한 결혼이민여성들의 불안감을 최소화하고 직접적인 도움을 주기엔 부족하다는 응답이 많았으며, 이에 대한 적극적인 개선과 지원이 필요한 것으로 보인다.

임신·출산을 전후한 많은 결혼이민여성들이 꼽는 가장 큰 어려움 중 하나는 임신과 출산에 관한 정보의 부족과 언어의 문제이다. 의사소통에 어려움을 겪고 있는 결혼이민자들을 위해 자국의 언어로 된 자료를 공공기관 등에 폭넓게 비치하고 태교, 산전 운동, 출산 후 아이 양육에 대한 정보 및 관련 교육이 적극적으로 제공되어야 한다. 또 입덧으로 고생하는 여성들을 위해 임신기간 중 자국의 음식을 접할 수 있는 기회를 제공하는 것도 큰 도움이 될 것으로 보인다.

임신기간을 거쳐 출산을 하고 나서는 좀 더 실질적인 문제들이 대두하게 된다. 산모는 적절한 산후 관리를 받을 수 있어야 하며 아이를 위한 이유식, 예방접종 등에 대한 정보와 서비스들 역시 제공되어야 한다.[26] 산후조리의 경우 보통 친정의 도움을 받는 경우가 많은데, 타국에서 이주해 온 결혼이민여성들이 친정의 도움을 받기란 불가능한 상황이며 시어머니는 연로하신 경우가 많아 마땅히 산후조리를 해줄 도움의 손길을 구하기 어려운 실정이다. 더구나 출산을 전후로 알아야 하는 다양한 정보들이 부족한 상황이기에 산후조리를 전문적으로 수행하면서 이에 대한 정보를 얻을 수 있는 산후도우미에 대한 필요가 대단히 높게 나타나고 있었다. 이에 이미 시행되고 있는 방문 산후도우미 제도에 대한 지원 확대가 중요

---

26) 여성결혼이민자를 위한 사회서비스 현황 및 정책과제

하게 검토될 필요가 있다. 또한 농촌지역에 거주하는 경우 지리적 접근성의 문제로 산후도우미의 이동이 어렵기 때문에 산후조리원 제도의 도입이 새롭게 검토되어야 할 것으로 보인다.

한편 아이의 육아와 관련해서는 많은 여성결혼이민자들이 정보와 언어의 부족으로 인해 발달시기에 맞게 아이 양육법을 배우거나, 예방접종 등 의료서비스를 자유롭게 이용하는데 어려움을 겪는 것으로 나타났다. 아이 양육에 대한 책임이 대부분 엄마에게 지워지는 현실에서, 아직 의사소통에 능숙하지 못하고 한국의 상황에 제대로 적응하지 못한 여성결혼 이민자들은 정보의 부족이나 이해도의 낮음등으로 인해 적절한 의료혜택을 받기 어렵다. 이런 문제를 해결하기 위해 보통 남편이 동행하는 경우가 많았는데, 이는 남편과 아내 모두에게 불편한 일이다. 남편들은 자신이 겪는 불편함 외에도 아내가 어떤 상황에서도 적절한 서비스를 받을 수 있기를 바라는 마음에서, 아내 역시 혼자서도 자유롭게 서비스 기관을 이용하기를 바라는 마음에서 공통적으로 통역서비스의 제공이 필요하다고 말한다.

덧붙여 한국의 의료시스템에 대한 정보를 접하고 이를 이용하는 과정에서 서비스 제공자의 고압적인 태도나 낙후된 시설로 인해 불쾌감을 느꼈다는 응답이 있었다. 이는 한국의 의료서비스에 대한 상대적인 기대감을 반증하는 것으로 여겨지며, 더 많은 결혼이민여성들과 국제결혼가정의 구성원들이 산전, 산후의 사회서비스를 편안하게 이용할 수 있도록 배려하는 사회적인 노력이 요구된다 하겠다.

2008년 김혜련 등의 "국제결혼 이주여성의 생식건강실태와 정책과제"에서 보고한 바에 의하면 국제결혼 이주여성이 임신 중에 건강상태를 보기 위해 병원이나 보건소에 방문하여 산전관리(산전진찰)을 받은 경우는 전체에서 91.7%였다. 이는 우리나라 기혼여성에 대한 2006년 전국 출산력 조사결과에서 산전수진율은 99.9%에 비해 낮은 것을 볼 수 있다.

국제결혼 이주여성의 한국말 수준에 따라서는 거의 이해를 못하거나 간단한 단어정도 말하는 경우 임신 중 병원 방문 장애 첫 번째 이유는 말이 통하지 않아서가 12.6%로 가장 높았고, 생활에 필요한 대화를 하거나 불편함 없이 말할 수 있는 경우는 병원비가 비싸서가 9.0%로 가장 높게 나타났다. 보건소 통역서비스 시범사업과 같은 서비스를 통해 언어장애로 인한 병원방문 장애를 해소할 수 있는 대책이 필요하다고 볼 수 있다.

국제결혼 이주여성의 임신, 출산에 대해 알고 싶은 내용 중에서 매우 알고 싶은 내용을 보면 출생 후 아기를 돌보는 방법이 54.6로 가장 많았고, 임신 중 태아의 정상발육 52.7%, 출산 후 산후관리 48.7%, 엄마젖 먹이는 방법, 유방관리 47.8%, 임신 중 건강을 위한 음식 43.1%, 피임방법 41.2%, 유산, 사산 예방, 관리 40.8%, 임신 중에 피해야 할 약, 건강생활(담배, 술 등), 일 38.6%, 진찰을 받아야 하는 병원, 보건소 등의 위치 37.5%, 분만방법(수술, 자연분만) 36.6% 등의 순으로 나타났다.

▌자녀양육 사회서비스에 대한 요구

아직까지 한국사회에서는 가정 내에서 이루어지는 사적인 노동과 임금을 받아오는 공적인 노동이 성별에 따라 분리되어 있다. 대개의 여성결혼이민자들도 사적인 영역의 노동을 전담하며, 특히 아이의 양육과 교육의 부분에서 일차적인 책임자의 역할을 담당한다. 이 과정에서 여성결혼이민자들은 자신의 부족한 한국어 구사 능력과 한국 교육 시스템에 대한 정보 부족을 절감하게 되는데, 따라서 양육에 도움이 되는 각종 사회서비스가 보다 충분히 제공되기를 바라고 있다.

우선 아이의 신체발달단계에 따른 식단이나 운동요법, 생활 습관 교육 등 양육에 관한 정보와 한국의 보육시스템에 대한 정보가 부족해 어려움을 겪었다는 응답이 많았다. 많은 피면접자들은 아이를 키우는데 실질적으로 필요한 보육시스템과 각종 육아법에 대한 정보가 뒤쳐질 것에 대한 우려가 공존하고 있다. 결혼이민자에게 한국어 구사능력의 습득은 그 시기별로 목적과 의미를 달리 할 뿐, 이주의 전 시기를 가로지르는 중요한 문제라는 의미로 보아야 한다. 결혼이민자들을 대상으로 하는 한국어 교육이 각 시기별 목적에 걸맞게 지속적이고 장기적으로 이루어질 수 있도록 적극적인 방법의 모색이 요구되는 지점이다.

덧붙여 학업에 관련된 것 이외에도 결혼이민자들이 지도하기 어려운 한국의 예의범절이나, 아이의 사회성 증진을 위한 다양한 프로그램들이 도입되기를 원하는 의견들이 있었다. 그러나 다문화 가정이 언제나 수혜자의 위치에만 놓이는 것은 아니다. 다문화 가정은 이중의 언어를 구사할 수 있다는 점과 타 국가에 대한 문화를 자연스럽게 보고 이해할 수 있는 다양한 모임을 구성할 수 있다는 큰 장점을 가지고 있다. 이런 다문화 가정의 장점을 적극적으로 살리고 활용할 수 있는 기회를 만드는 것은 그들을 위한 사회적 서비스를 제공하는 것만큼이나 직접적인 효과를 가져 올 수 있다. 그들이 한국사회의 불완전한 구성원이 아니라 우리가 가지지 못한 다양한 자원을 가진 새로운 구성원임을 인식하는 과정에서 다문화 가정을 바라보는 한국사회의 어색함과 편견이 깨질 수 있기 때문이다. 불완전한 언어를 구사하고 한국 사회의 시스템에 익숙하지 않은 결혼이민자로

서의 자신이 아니라, 다양한 자원을 가진 다문화가족의 구성원으로 자신을 인식하기 시작할 때 결혼이민자 여성과 그 가족, 그리고 그들을 둘러싼 지역사회 공동체는 긍정적인 변화를 경험할 수 있을 것이라 기대된다.

참고문헌

김승권 외(2006), 『전국 출산력 및 가족보건 · 복지실태조사』. 한국보건사회연구원

김혜련 외(2008), 『국제결혼 이주여성의 생식건강 실태와 정책과제』. 한국보건사회
　　　연구원

설동훈(2006), 『국가통계 품질진단 연구용역 최종결과보고서』. 통계청

설동훈 외(2006), 『결혼이민자 가족실태조사 및 중장기 지원정책방안연구』. 여성가
　　　족부

설동훈 · 이혜경 · 조성남(2005), 『결혼이민자 가족실태조사 및 중장기 지원정책방안
　　　연구』. 여성가족부

이삼식 외(2007), 『국제결혼 이주여성의 결혼, 출산행태와 정책방향. 한국보건사회
　　　연구원

이임순 외(2002), "한국여성 1,131명의 피임실천 및 실태에 대한 조사". 대한산부회
　　　지 제45권 제6호

정혜원 외(2007/2008), 『국내이주자 코호트사업 결과보고서』. 이화여자대학교, 질병
　　　관리본부

"외국인과 혼인통계" 통계청 KOSIS(2007).

"인구대사전". 통계청, 한국인구학회편(2006).

"인구센서스 재집계". 통계청 KOSIS(20005).

"체류외국인 현황발표". 법무부 외국인정책본부(2007).

　　　　　　　　　　행정안전부 내부자료(2007).

Chung HH, Jang MJ, Jung KW(2006), "Cervical cancer incidence and survival
　　　in Korea: 1993-2002."Int Gynecol Cancer 16: 1833-1838.

Cox JT, Winzelberg AJ, Patterson JM. An evaluation of Human Papillomavirus
　　　Testing as part of referral to colposcopy clinics. Obstet Gynecol
　　　1992; 80: 389-95.

Devesa SS, Young JL, Briton LA(1989), "Recent trends in cervix uteri cancer."
　　　Cancer 64: 2184-2190.

Lennart K, Fredrik W, Inga S, Goran W, Tord D. A population-based study
　　　of human papillomavirus deoxyribonucleic acid testing for
　　　predicting cervical intraepithelial neoplasia. Am J Obstet Gynecol
　　　1998; 179(6): 12: 1497-502.

Ministry of Health and Welfare(2003), 2002 Annual report of Korea Central
　　　Cancer Registry Seoul.

United Nations, Department of Economic and Social Affairs, Population
Division. World Contraceptive Use(2005),
(http://www.un.org/esa/population/publications/contraceptive2005
/WCU2005.htm)
World marriage Patterns(2000), Population Division, Department of Economic
and Social Affairs, United Nations Secretariat.
(http://esa.un.org/unpp)

정혜원

1984년: 이화의대 졸업
1984~1988년: 이화 의료원 수련의
1988년: 산부인과 전문의 자격 취득
1989년: 의학석사, 이화여대
1992년: 의학박사, 이화여대
1992~1993년: 이화 의료원 전임의
1993~1999년: 이화의대 조교수
1999~2004: 이화의대 부교수
2004~현재: 이화의대 교수
2008~현재: 이화여자대학교 다문화 연구소 부소장
2009~현재: 이화의대 산부인과 주임교수 겸 과장
전공: 생식내분비(불임 및 폐경 크리닉 담당)
1998~1999: 미국 Stanford 의대 postdoctoral fellow

현재 학회활동
대한 생식 의학회 정회원
대한 골다공증학회: 역학위원회 위원장
대한 폐경학회 : 심사위원회 위원장
대한 산부인과 학회 학술 위원
연구활동: 질병관리본부 용역사업인 아시아 지역 코호트 사업 수행 중
(국내이주자 코호트 사업과 국제협력 코호트 사업 II)

다문화 가정의 건강실태

초판인쇄 2009년 8월 27일
초판발행 2009년 9월 8일

저자 정혜원

발 행 인 윤석원
발 행 처 도서출판 박문사
책임편집 조성희
등록번호 제2009-11호

우편주소 서울시 도봉구 창동 624-1 현대홈시티 102-1206
대표전화 (02) 992 / 3253
팩시밀리 (02) 991 / 1285
전자우편 bakmunsa@hanmail.net

ISBN 978-89-94024-03-5 93300   **정가** 7,000원